En kokbok med oemotståndliga grönsaksköttbullar

100 närande och smakrika växtbaserade köttbullar för varje smak

Torbjörn Bergqvist

upphovsrätt Material ©2023

Allt Rättigheter Reserverad

Väl del av detta bok Maj vara satt ner springare överförs i några formulär springare skulle några betyder utan de rena skriven samtycke av _ utgivare och upphovsrätt ägare bortsett från för kort citat satt ner i och recension. Detta bok skall anteckningar vara anses vara och ersättning för medicinsk lagligt springare Övrig professionell _ _ råd.

INNEHÅLLSFÖRTECKNING _

INNEHÅLLSFÖRTECKNING _..3
INTRODUKTION..7
GRÖNTABULAR..9
1. Rödbetor köttbullar...10
2. Gröna linser Veggie köttbullar..............................13
3. Copycat Ikea Veggie Balls.......................................15
4. Örtiga Quinoaköttbullar...17
5. Svarta bönor köttbullar..19
6. Havre & Grönsaksköttbullar..................................21
7. Vita bönor och valnötsköttbullar..........................23
8. Garbanzo bönor och morotsköttbullar................25
9. Grillade bulgur & linser köttbullar.......................27
10. Svamp Tofu köttbullar...29
11. Linser, ärter & morotsköttbullar.........................31
12. Svamp & Veggie Köttbullar..................................33
13. Tex-Mex Veggie Köttbullar...................................35
14. Grillade bönköttbullar...37
15. Lök Havre Köttbullar...39
16. Vild svamp köttbullar..41
17. Tofu Tahini Veggie köttbullar..............................43
18. Svarta bönor & jordnötsköttbullar.....................45
19. Veganska baconköttbullar....................................47
20. Kornhavre köttbullar...49
21. Tempeh & Valnöt Köttbullar................................51
22. Blandade bönor & havreköttbullar....................53
23. Tempeh & Valnöt Köttbullar................................55
24. Macadamia-Ca rrot Köttbullar............................57
25. Curry kikärtsköttbullar...59
26. Pinto Bean köttbullar med Mayo........................61
27. Linser, svamp & ris köttbullar.............................63
28. Shiitake och havre köttbullar..............................65
29. Havre & Vegan Mozzarella köttbullar...............67

30. Valnöt och grönsaksköttbullar..........69
31. Marockanska Yam Veggie köttbullar..........71
32. Linser, pistage och shiitake köttbullar..........74
33. köttbullar med hög proteinhalt..........77
34. Tofubollar..........80
35. Blomkål, bönor & spenat Köttbulle med..........82
36. Ugnsbakade veganska köttbullar..........84
37. Svamp & Cashew Parmesan köttbullar..........86
38. Cremini & Linseköttbullar..........88
39. Citron oregano köttbullar..........90
40. Med Riracha -kikärtsköttbullar..........92
41. Veganska svampköttbullar..........94
42. Spaghetti med grönsaker och köttbullar..........96
43. Tempeh och lök köttbullar..........98
44. Linser och svampköttbullar..........101
45. Köttbullar av sötpotatis och svarta bönor..........103
46. Blomkål och kikärtsköttbullar..........105
47. Zucchini och Quinoaköttbullar..........107
48. Spenat och feta köttbullar..........109
49. Broccoli och Cheddar köttbullar..........111
50. Morot och kikärtsköttbullar..........113
51. Svamp- och valnötsköttbullar..........115
52. Betor och Quinoaköttbullar..........117
53. Quinoa och majsköttbullar..........119
54. Aubergine och kikärtsköttbullar..........121
55. Potatis och ärtköttbullar..........123
56. Majs och röd paprika köttbullar..........125
57. Butternut Squash och salvia köttbullar..........127
58. Grönkål och vita bönor köttbullar..........129
59. Quinoa och spenat köttbullar..........131
60. Blomkål och Quinoaköttbullar..........133
61. Kikärts- och spenatköttbullar..........135
62. Sötpotatis och kikärtsköttbullar..........137
63. Svamp- och linseköttbullar..........139
64. Köttbullar av morot och zucchini..........141

65. Quinoa och svampköttbullar 143
66. Svarta bönor och majs köttbullar 145
67. Broccoli och cheddarost köttbullar 147
68. Blomkål och ostköttbullar 149
69. Svamp- och valnötsköttbullar med rosmarin 151
GRÖNTSAKSBESKRIVNINGAR 153
70. Rödbetsburgare med ruccola 154
71. Pekan- linsbiffar 157
72. Black Bean hamburgare 159
73. Havre- och grönsaksbiff 161
74. Vita bönor och valnötsbiffar 163
75. Garbanzo bönor hamburgare 166
76. Vegetabilisk bulgur linsbiff 168
77. Svamp tofu patty 170
78. Lins-, ärt- och morotsbiff 172
79. Snabba grönsaksbiffar 174
80. Tex-mex grönsaksbiff 176
81. Veggie bönbiffar 178
82. Lök Havre Biffar 180
83. Vild svampbiff 182
84. Tofu Tahini vegetabiliska biffar 184
85. Black Bean & Peanut Grillers 186
86. Kornhavre och selleribiffar 188
87. Tempeh och lökbiffar 190
88. Blandade bön- och havrebiffar 192
89. Tempeh & valnötsbiffar 194
90. Macadamia-Cashewbiffar 196
91. Gyllene kikärtsburgare _ 198
92. Curry Kikärtsbiffar 200
93. Pinto bönbiffar med majonnäs 202
94. Linsrisburgare med 204
95. Shiitake och havrebiff 206
96. havre , I en ägg & mozzarellabiff 208
97. Valnöts- och grönsaksbiffar 210
98. Marockanska Yam Veggie Burgers 212

99. Lins-, pistage- och shiitakeburgare...................................215
100. Veganburgare med hög proteinhalt............................218
SLUTSATS...221

INTRODUKTION

Välkommen till en värld av grönsaksköttbullar! I den här kokboken inbjuder vi dig att utforska de läckra och nyttiga möjligheterna med växtbaserade köttbullar. Grönsaksköttbullar erbjuder ett kreativt och tillfredsställande sätt att njuta av smaker och texturer av grönsaker samtidigt som de är ett näringsrikt alternativ till traditionella köttbullar. Den här kokboken är din guide till att bemästra konsten med grönsaksköttbullar och skapa närande och smakrika rätter som kommer att glädja både veganer och köttälskare.

Grönsaksköttbullar är ett bevis på mångsidigheten och överflöd av växtbaserade ingredienser. Från linser och kikärter till svamp och quinoa, möjligheterna att skapa läckra köttbullar är oändliga. I den här kokboken hyllar vi rikedomen och variationen av grönsaksköttbullar, och presenterar en samling recept som kombinerar olika grönsaker, spannmål och kryddor för att skapa aptitretande bitar som är både mättande och näringsrika.

På dessa sidor kommer du att upptäcka en skattkammare av recept som visar upp kreativiteten och smakerna hos grönsaksköttbullar. Från klassiska köttbullar i italiensk stil med en växtbaserad twist till globalt inspirerade kreationer som innehåller en mängd olika örter och kryddor, vi har sammanställt en kollektion som tar dina smaklökar på en smakfull resa. Varje recept är designat för att ge dig en balanserad kombination av smaker, texturer och näringsämnen, vilket säkerställer en tillfredsställande och trevlig matupplevelse.

Men den här kokboken är mer än bara en sammanställning av recept på vegetabiliska köttbullar. Vi guidar dig genom konsten att skapa köttbulleliknande texturer och smaker med hjälp av växtbaserade ingredienser, ger tips om bindemedel och smaksättningar och delar med oss av tekniker för att uppnå den perfekta konsistensen och konsistensen. Oavsett om du är en erfaren växtbaserad kock eller ny i världen av grönsaksköttbullar, är vårt mål att ge dig möjlighet att skapa läckra och nyttiga rätter som kommer att glädja dina smaklökar och ge din kropp näring.

Så oavsett om du letar efter ett hälsosammare alternativ till traditionella köttbullar, utforskar växtbaserad mat eller helt enkelt vill införliva fler grönsaker i din kost, låt "Från trädgård till tallrik: The Vegetable Meatballs Cookbook" vara din guide. Gör dig redo att njuta av kreativiteten och smakerna av grönsaksköttbullar och ge dig ut på en smakrik resa som hyllar överflödet och mångsidigheten hos växtbaserade ingredienser.

GRÖNTABULAR

1.Rödbetor köttbullar

INGREDIENSER:
- 15 uns av ljusröda Kidney Beans burk
- 2 ½ matskedar extra virgin olivolja
- 2 ½ *uns* Cremini-svampar
- 1 rödlök
- ½ kopp kokt brunt ris
- ¾ kopp Råbetor
- 1/3 kopp hampafrön
- 1 tsk mald svartpeppar
- ½ tsk havssalt
- ½ tsk malet korianderfrö
- 1 vegansk äggersättning

INSTRUKTIONER:
- Värm ugnen till 375°F. Mosa kidneybönorna väl i en mixerskål och ställ åt sidan.
- Värm oljan i en non-stick stekpanna på medelvärme.
- Tillsätt svampen och löken och fräs tills det mjuknat, cirka 8 minuter.
- Överför grönsaksblandningen till mixerskålen med bönorna.
- Rör ner ris, rödbetor, hampafrön, peppar, salt och koriander tills det blandas.
- Tillsätt den veganska äggersättningen och rör om tills det är väl blandat.
- Forma blandningen till fyra bollar och lägg på en oblekt bakplåtspappersklädd plåt.
- Dutta lätt toppen av köttbullarna med ½ matsked av oljan med fingertopparna.

- Grädda i 1 timme. Vänd försiktigt över varje köttbulle och grädda tills de är knapriga, fasta och bruna, cirka 20 minuter till.

2.Gröna linser Veggie köttbullar

INGREDIENSER:
- 1 gul lök finhackad
- 1 stor morot skalad och tärnad
- 4 hackade vitlöksklyftor
- 2 dl kokta gröna linser
- 2 msk tomatpuré
- 1 tsk oregano
- 1 tsk torkad basilika
- $\frac{1}{4}$ kopp näringsjäst
- 1 tsk havssalt
- 1 kopp pumpafrön

INSTRUKTIONER:
- Blanda alla ingredienser i en matberedare.
- Pulsera för att kombinera, lämna lite konsistens.
- Forma linserna till 4 köttbullar.

3. Copycat Ikea Veggie Balls

INGREDIENSER:

- 1 burk Kikärter, konserverade
- 1 kopp fryst spenat
- 3 morötter
- $\frac{1}{2}$ paprika
- $\frac{1}{2}$ kopp konserverad majs
- 1 kopp gröna ärtor
- 1 lök
- 3 vitlöksklyftor
- 1 kopp havremjöl
- 1 msk olivolja
- Krydda

INSTRUKTIONER:

- Lägg alla grönsaker i en matberedare och mixa tills de är finhackade.
- Tillsätt nu fryst, men tinad eller färsk spenat, den torkade salvian och den torkade persiljan.
- Tillsätt de konserverade kikärtorna & Pulse tills de är kombinerade.
- Blanda och koka i 1-2 minuter.
- Gör grönsaksbollar, ös en boll och forma den med händerna.
- Lägg bollarna på bakplåtspapper eller en plåt.
- Grädda dem i 20 minuter tills de fått en knaprig skorpa.

4.Örtiga Quinoaköttbullar

INGREDIENSER:

- 2 dl kokt quinoa
- ¼ kopp vegansk parmesanost, riven
- ¼ kopp vegansk asiagoost, riven
- ¼ kopp färsk basilika, hackad
- 2 msk färsk koriander, hackad
- 1 tsk färsk oregano, malet
- ½ tsk färsk timjan
- 3 små vitlöksklyftor, finhackade
- 1 stort ägg
- 2 stora nypor koshersalt
- ½ tsk svartpeppar
- ¼ kopp italienskt kryddat brödsmulor
- 1 nypa till ¼ tsk krossade rödpepparflingor

INSTRUKTIONER:

- Blanda alla ingredienser i en stor skål.
- Häll lite olivolja i den förvärmda stekpannan.
- Forma en köttbulle lite mindre än en golfboll och lägg köttbullen i stekpannan.
- Grädda i en stekpanna eller en kantad bakplåt och grädda i en förvärmd ugn i 25 minuter.

5.Svarta bönor köttbullar

INGREDIENSER:

- 3 matskedar olivolja
- ½ kopp finhackad lök
- 1 vitlöksklyfta, finhackad
- 1½ dl svarta bönor
- 1 msk finhackad färsk persilja
- ½ kopp torr okryddad panko
- ¼ kopp veteglutenmjöl
- 1 tsk rökt paprika
- ½ tsk torkad timjan
- Salt och nymalen svartpeppar

INSTRUKTIONER:

- Värm 1 matsked olja i en stekpanna och värm i några minuter.
- Tillsätt löken och vitlöken och koka tills den mjuknat, ca 5 minuter.
- Överför lökblandningen till en matberedare.
- Tillsätt bönorna, persiljan, panko, mjöl, paprika, timjan och salt och peppar efter smak.
- Bearbeta tills det är väl kombinerat, lämna lite konsistens.
- Forma blandningen till 4 lika stora köttbullar och ställ i kylen i 20 minuter.
- Värm de återstående 2 matskedar olja i en stekpanna över måttlig värme.
- Tillsätt köttbullarna och stek tills de fått färg på båda sidor, vänd en gång, ca 5 minuter per sida.

6. Havre & Grönsakssköttbullar

INGREDIENSER:

- 2 matskedar plus 1 tesked olivolja
- 1 lök, hackad
- 1 morot, riven
- 1 kopp osaltade blandade nötter
- ¼ kopp veteglutenmjöl
- ½ kopp gammaldags havre, plus mer om det behövs
- 2 msk krämigt jordnötssmör
- 2 msk finhackad färsk persilja
- ½ tsk salt
- ¼ tesked nymalen svartpeppar

INSTRUKTIONER:

- I en stekpanna, värm 1 tsk av oljan över måttlig värme.
- Tillsätt löken och koka tills den är mjuk, ca 5 minuter. Rör ner moroten och ställ åt sidan.
- Pulsera nötterna i en matberedare tills de är hackade.
- Tillsätt lök-morotsblandningen tillsammans med mjöl, havre, jordnötssmör, persilja, salt och peppar. Bearbeta tills det är väl blandat.
- Forma blandningen till 4 lika stora köttbullar.
- I en stekpanna, värm de återstående 2 matskedar olja över värme, tillsätt köttbullarna och koka tills de fått färg på båda sidor, cirka 5 minuter per sida.

7.Vita bönor och valnötsköttbullar

INGREDIENSER:

- ¼ kopp tärnad lök
- 1 vitlöksklyfta, krossad
- 1 kopp valnötsbitar
- 1 kopp konserverade eller kokta vita bönor
- 1 dl veteglutenmjöl
- 2 msk finhackad färsk persilja
- 1 msk sojasås
- 1 tsk dijonsenap, plus mer att servera
- ½ tsk salt
- ½ tsk malen salvia
- ½ tsk söt paprika
- ¼ tesked gurkmeja
- ¼ tesked nymalen svartpeppar
- 2 matskedar olivolja

INSTRUKTIONER:

- Kombinera löken, vitlöken och valnötterna i en matberedare och bearbeta tills de är finmalda.
- Koka bönorna i en stekpanna över värme, under omrörning, i 1 till 2 minuter för att avdunsta eventuell fukt.
- Tillsätt bönorna i matberedaren tillsammans med mjöl, persilja, sojasås, senap, salt, salvia, paprika, gurkmeja och peppar.
- Bearbeta tills det är väl blandat. Forma blandningen till 4 lika stora köttbullar.
- Värm oljan på medelvärme i en stekpanna.
- Lägg i köttbullarna och stek tills de fått färg på båda sidor, ca 5 minuter per sida.

8.Garbanzo bönor och morotsköttbullar

INGREDIENSER:

- 2 koppar Mosade garbanzobönor
- 1 st Stjälkselleri, finhackad
- 1 st morot, finhackad
- ¼ lök, finhackad
- ¼ kopp fullkornsmjöl
- Salta och peppra efter smak
- 2 tsk Olja

INSTRUKTIONER:

- Blanda ingredienserna, förutom oljan, i en skål.
- Forma till 6 köttbullar.
- Stek i en oljad panna på medelhög värme tills köttbullarna är gyllenbruna på varje sida.

9.Grillade bulgur & linser köttbullar

INGREDIENSER:

- 2 dl kokta linser
- 1 kopp rökt Portobello-svamp,
- 1 dl bulgurvete
- 2 rostade vitlöksklyftor,
- 2 msk valnötsolja
- ¼ tesked dragon, finhackad
- Salta och peppra efter smak

INSTRUKTIONER:

- Förbered en ved- eller kolgrill och låt den brinna ner till glöd.
- Mosa linserna i en bunke tills de är jämna.
- Tillsätt alla ingredienser och blanda tills det är ordentligt blandat.
- Kyl i minst 2 timmar. Forma till köttbullar.
- Pensla köttbullarna med olivolja och grilla i 6 minuter på varje sida eller tills de är klara.

10. Svamp Tofu köttbullar

INGREDIENSER:

- ½ kopp havregryn
- 1¼ dl Grovhackad mandel
- 1 msk oliv- eller rapsolja
- ½ kopp hackad salladslök
- 2 tsk finhackad vitlök
- 1½ koppar hackad cremini
- ½ kopp kokt brun basmati
- ⅓ kopp vegansk cheddarost
- ⅔ kopp Mosad fast tofu
- 1 vegansk äggersättning
- 3 msk hackad persilja
- ½ kopp torr panko

INSTRUKTIONER:

- Hetta upp olja i en stekpanna och fräs lök, vitlök och svamp tills de är mjuka.
- Tillsätt havren och fortsätt koka i ytterligare 2 minuter under konstant omrörning.
- Kombinera lökblandningen med ris, vegansk ost, tofu och vegansk äggersättning.
- Persilja, panko och mandel och rör om för att kombinera. Smaka av med salt och peppar.
- Forma till 6 köttbullar och fräs eller stek tills de är gyllene och knapriga på utsidan.

1.Linser, ärter & morotsköttbullar

INGREDIENSER:
- ½ hackad lök
- ½ kopp kokta gröna linser
- ⅓ kopp kokta ärtor
- 1 riven morot
- 1 msk hackad färsk persilja
- 1 tsk Tamari
- 2 koppar panko
- ¼ kopp mjöl
- 1 vegansk äggersättning

INSTRUKTIONER:
- Fräs löken tills den är mjuk Blanda alla ingredienser utom mjölet och låt svalna.
- Forma blandningen till köttbullar och bryn i en stekpanna.

12.Svamp & Veggie Köttbullar

INGREDIENSER:
- 10 uns Grönsaker, blandade, frysta
- 1 vegansk äggersättning
- nypa Salt och peppar
- ½ kopp svamp, färsk, hackad
- ½ kopp panko
- 1 lök, skivad

INSTRUKTIONER:
- Värm ugnen till 350 grader.
- Ånga grönsakerna tills de precis är mjuka
- Lägg åt sidan det är coolt.
- Finhacka ångade grönsaker och blanda med veganskt ägg, salt, peppar, svamp och panko .
- Forma blandningen till köttbullar.
- Lägg köttbullar, toppade med lökskivor, på en lätt oljad bakplåt.
- Grädda, vänd en gång, tills de är bruna och krispiga på båda sidor, cirka 45 minuter.

13.Tex-Mex Veggie Köttbullar

INGREDIENSER:

- 15¼ uns Konserverad hel majskärna
- ½ kopp vätska reserverad
- ½ kopp majsmjöl
- ½ kopp lök, finhackad
- ⅓ kopp röd paprika, finhackad
- ½ tsk limeskal, rivet
- ¼ kopp kokt vitt ris
- 3 matskedar Färsk koriander, hackad
- 4 tsk Jalapeno chilipeppar
- ½ tsk malen spiskummin
- 4 mjöltortillas, 9 till 10 tum

INSTRUKTIONER:

- Mixa ½ kopp majskärnor och 1 msk majsmjöl i en processor tills det bildas fuktiga klumpar.
- Tillsätt ¾ kopp majskärnor och bearbeta i 10 sekunder
- Överför majsblandningen till en tung nonstick-kastrull.
- Tillsätt ½ dl majsvätska, lök, paprika och limeskal.
- Täck över och koka på mycket låg värme tills det är tjockt och fast, rör om ofta, 12 minuter.
- Blanda i ris, koriander, jalapeño, salt och spiskummin.
- Släpp ¼ av blandningen på var och en av de 4 foliebitarna och tryck ut bitarna till ¾-tums tjocka köttbullar.
- Förbered grillen.
- Spraya båda sidorna av köttbullarna med nonstick-spray och grilla tills de är knapriga, cirka 5 minuter per sida.
- Grilla tortillorna tills de är böjliga, ca 30 sekunder per sida

4.Grillade bönköttbullar

INGREDIENSER:
- 2 uns Kokta blandade bönor
- 1 lök, finhackad
- 1 morot, finriven
- 1 tsk grönsaksextrakt
- 1 tsk Torkade blandade örter
- 1-ounce hel måltid panko

INSTRUKTIONER:
- Mixa alla ingredienser i en matberedare eller mixer tills nästan slät.
- Forma till 4 tjocka köttbullar och kyl väl.
- Pensla med olja och grilla eller grilla i cirka 15 minuter, vänd en eller två gånger.
- Servera i sesamdipp med relish, sallad och pommes frites.

15.Lök Havre Köttbullar

INGREDIENSER:

- 4 koppar vatten
- ½ kopp Saltreducerad sojasås
- ½ kopp näringsjäst
- 1 tärnad lök
- 1 matsked Oregano
- ½ msk vitlökspulver
- 1 msk torkad basilika
- 4½ koppar gammaldags havregryn

INSTRUKTIONER:

- Koka upp alla ingredienser utom havren.
- Sänk värmen till låg och rör ner 4½ koppar havregryn.
- Koka i ca 5 minuter tills vattnet absorberats.
- Fyll en rektangulär non-stick bakform med blandningen
- Grädda vid 350 F. i 25 minuter.
- Skär dem sedan i 4" fyrkantiga köttbullar och vänd dem.
- Koka i ytterligare 20 minuter.
- Servera som huvudrätt, varm eller kall.

16.Vild svamp köttbullar

INGREDIENSER:

- 2 tsk olivolja
- 1 gul lök, finhackad
- 2 schalottenlök, skalade och hackade
- ⅛ tesked salt
- 1 kopp torr shiitakesvamp
- 2 koppar Portobellosvampar
- 1 paket tofu
- ⅓ kopp Rostade vetegroddar
- ⅓ kopp panko
- 2 msk Lite sojasås
- 1 tsk Flytande rökarom
- ½ tsk granulerad vitlök
- ¾ kopp snabbkokt havre

INSTRUKTIONER:

- Fräs lök, schalottenlök och salt i olivolja i ca 5 minuter.
- Stjälka mjuka shiitakesvampar och hacka dem med färsk svamp i en matberedare. Lägg till lök.
- Koka i 10 minuter, rör om då och då för att förhindra att den fastnar.
- Blanda svamp med mosad tofu, tillsätt de återstående ingredienserna och blanda väl.
- Blöt händerna för att förhindra att de fastnar och forma till köttbullar.
- Grädda i 25 minuter, vänd en gång efter 15 minuter.

7. Tofu Tahini Veggie köttbullar

INGREDIENSER:
- 1 pund fast tofu, avrunnen
- 1½ koppar rå havregryn
- ½ kopp rivna morötter
- 1 Hackad sauterad lök
- 1 msk Tahini, mer eller mindre
- 1 msk sojasås

INSTRUKTIONER:
- Tillsätt en blandning av utvalda kryddor och örter.
- Forma till köttbullar på plåtar.
- Grädda i 350 grader i 20 minuter, vänd dem och grädda i 10 minuter till.

18. Svarta bönor & jordnötsköttbullar

INGREDIENSER:
- 1 kopp TVP granulat
- 1 kopp vatten
- 1 msk sojasås
- 15-ounce burk svarta bönor
- $\frac{1}{2}$ kopp vitalt veteglutenmjöl
- $\frac{1}{4}$ kopp barbecuesås
- 1 msk flytande rök
- $\frac{1}{2}$ tsk svartpeppar
- 2 msk jordnötssmör

INSTRUKTIONER:
- Rekonstituera TVP genom att blanda den med vatten och sojasås i en mikrovågssäker skål, täck tätt med plastfolie och låt den stå i mikrovågsugn i 5 minuter.
- Tillsätt bönorna, vetegluten, barbecuesåsen, flytande rök, peppar och jordnötssmör till den rekonstituerade TVP när den är tillräckligt kall för att hantera.
- Mosa ihop det med händerna tills det är enhetligt och det mesta av bönorna är mosade.
- Forma till 6 köttbullar.
- Grilla på grillen, pensla med extra barbecuesås allt eftersom, ca 5 minuter per sida.

19. Veganska baconköttbullar

INGREDIENSER:

- 1 kopp TVP granulat
- 2 msk biffsås
- 1 msk flytande rök
- ¼ kopp rapsolja
- 1/3 kopp jordnötssmör
- ½ kopp vitalt veteglutenmjöl
- ½ dl veganska baconbitar
- ¼ kopp näringsjäst
- 1 matsked paprika
- 1 msk vitlökspulver
- 1 tsk mald svartpeppar

INSTRUKTIONER:

- Rekonstituera TVP:n genom att blanda TVP, vatten, biffsås och flytande rök i en mikrovågssäker skål, täck tätt med plastfolie och låt den stå i mikrovågsugn i 5 minuter.
- Tillsätt oljan och jordnötssmöret till TVP-blandningen.
- Blanda vetegluten, veganska baconbitar, jäst, paprika, vitlökspulver och svartpeppar i en mixerskål.
- Tillsätt TVP-blandningen till mjölblandningen och knåda tills den är väl införlivad.
- Täck över och låt stå i 20 minuter.
- Forma till 4 till 6 köttbullar och förbered efter önskemål.

0.Kornhavre köttbullar

INGREDIENSER:

- 1 kopp konserverade smörbönor
- $\frac{3}{4}$ kopp bulgur, kokt
- $\frac{3}{4}$ kopp korn, kokt
- $\frac{1}{2}$ kopp snabb havregryn, okokt
- $1\frac{1}{2}$ msk sojasås
- 2 msk barbecuesås
- 1 tsk torkad basilika
- $\frac{1}{2}$ kopp lök, finhackad
- 1 vitlöksklyfta, finhackad
- 1 stjälkselleri, hackad
- 1 tsk salt
- Peppar efter smak

INSTRUKTIONER:

- Mosa bönorna lite med en gaffel eller potatisstöt.
- Tillsätt resten av ingredienserna och forma 6 köttbullar.
- Spraya stekpanna med olja och bruna köttbullar på båda sidor.

21. Tempeh & Valnöt Köttbullar

INGREDIENSER:

- 8 uns tempeh, skär i $\frac{1}{2}$-tums tärningar
- $\frac{3}{4}$ kopp hackad lök
- 2 vitlöksklyftor, hackade
- $\frac{3}{4}$ kopp hackade valnötter
- $\frac{1}{2}$ kopp gammaldags eller snabbkokt havre
- 1 msk finhackad färsk persilja
- $\frac{1}{2}$ tsk torkad oregano
- $\frac{1}{2}$ tsk torkad timjan
- $\frac{1}{2}$ tsk salt
- $\frac{1}{4}$ tesked nymalen svartpeppar
- 3 matskedar olivolja

INSTRUKTIONER:

- Koka tempen i en kastrull med sjudande vatten i 30 minuter.
- Låt rinna av och ställ åt sidan för att svalna.
- I en matberedare, blanda löken och vitlöken och bearbeta tills det är finhackat.
- Tillsätt kyld tempeh, valnötter, havre, persilja, oregano, timjan, salt och peppar.
- Bearbeta tills det är väl blandat. Forma blandningen till 4 lika stora köttbullar.
- Värm oljan på medelvärme i en stekpanna.
- Tillsätt köttbullarna och koka ordentligt tills de fått färg på båda sidor, 7 minuter per sida.

22. Blandade bönor & havreköttbullar

INGREDIENSER:
- 1 msk olivolja
- 1 lök, hackad
- 4 vitlöksklyftor, hackade
- 1 morot, strimlad
- 1 tsk malen spiskummin
- 1 tsk chilipulver
- Peppar efter smak
- 15 *uns* pintobönor, sköljda, avrunna och mosade
- 15 *uns* svarta bönor, sköljda, avrunna och mosade
- 1 matsked ketchup
- 2 msk dijonsenap
- 2 msk sojasås
- 1½ dl havre
- ½ kopp salsa

INSTRUKTIONER:
- Tillsätt olivoljan i en kastrull över värme.
- Koka löken i 2 minuter, rör om ofta.
- Rör ner vitlöken. Koka sedan i 1 minut.
- Tillsätt morot, mald spiskummin och chilipulver.
- Koka under omrörning i 2 minuter.
- Överför morotsblandningen till en skål.
- Rör ner de mosade bönorna, ketchupen, senap, sojasås och havre.
- Forma till köttbullar.
- Grilla köttbullarna i 4 till 5 minuter per sida.

3. Tempeh & Valnöt Köttbullar

INGREDIENSER:
- 8 uns tempeh, skär i $\frac{1}{2}$-tums tärningar
- $\frac{3}{4}$ kopp hackad lök
- 2 vitlöksklyftor, hackade
- $\frac{3}{4}$ kopp hackade valnötter
- $\frac{1}{2}$ kopp gammaldags eller snabbkokt havre
- 1 msk finhackad färsk persilja
- $\frac{1}{2}$ tsk torkad oregano
- $\frac{1}{2}$ tsk torkad timjan
- $\frac{1}{2}$ tsk salt
- $\frac{1}{4}$ tesked nymalen svartpeppar
- 3 matskedar olivolja

INSTRUKTIONER:
- Koka tempen i en kastrull med sjudande vatten i 30 minuter.
- Låt rinna av och ställ åt sidan för att svalna.
- I en matberedare, blanda löken och vitlöken och bearbeta tills det är finhackat.
- Tillsätt kyld tempeh, valnötter, havre, persilja, oregano, timjan, salt och peppar.
- Bearbeta tills det är väl blandat. Forma blandningen till 4 lika stora köttbullar.
- Värm oljan på medelvärme i en stekpanna.
- Tillsätt köttbullarna och stek tills de är genomstekta och bruna på båda sidor, cirka 7 minuter per sida.

24. Macadamia-Carrot Köttbullar

INGREDIENSER:
- 1 dl hackade macadamianötter
- 1 dl hackade cashewnötter
- 1 morot, riven
- 1 lök, hackad
- 1 vitlöksklyfta, finhackad
- 1 jalapeño eller annan grön chili, kärnad och finhackad
- 1 dl gammaldags havre
- 1 kopp torrt okryddat mandelmjöl
- 2 msk hackad färsk koriander
- $\frac{1}{2}$ tsk mald koriander
- Salt och nymalen svartpeppar
- 2 tsk färsk limejuice
- Canola eller druvkärneolja, för stekning

INSTRUKTIONER:
- I en matberedare, kombinera macadamianötter, cashewnötter, morot, lök, vitlök, chili, havre, mandelmjöl, koriander, koriander och salt och peppar efter smak.
- Bearbeta tills det är väl blandat. Tillsätt limejuicen och bearbeta tills den är väl blandad.
- Smaka av, justera kryddor om det behövs.
- Forma blandningen till 4 lika stora köttbullar.
- Värm ett tunt lager olja på måttlig värme i en stekpanna.
- Tillsätt köttbullarna och koka tills de är gyllenbruna på båda sidor, vänd en gång i cirka 10 minuter totalt.

5.Curry kikärtsköttbullar

INGREDIENSER:

- 3 matskedar olivolja
- 1 lök, hackad
- 1½ teskedar varmt eller milt currypulver
- ½ tsk salt
- 1/8 tsk mald cayennepepp
- 1 dl kokta kikärter
- 1 msk hackad färsk persilja
- ½ dl veteglutenmjöl
- 1/3 kopp torrt okryddat mandelmjöl

INSTRUKTIONER:

- I en stekpanna, värm 1 matsked av oljan på måttlig värme.
- Tillsätt löken, täck över och koka tills den mjuknat, 5 minuter. Rör ner 1 tsk curry, salt och cayennepeppar och ta bort från värmen. Avsätta.
- I en matberedare, kombinera kikärter, persilja, veteglutenmjöl, mandelmjöl och kokt lök.
- Forma kikärtsblandningen till 4 lika stora köttbullar och ställ åt sidan.
- Värm de återstående 2 matskedar olja i en stekpanna över måttlig värme.
- Tillsätt köttbullarna, täck och stek tills de är gyllenbruna på båda sidor, vänd en gång, ca 5 minuter per sida.
- I en skål, kombinera den återstående ½ teskeden currypulver med majonnäsen, rör om det blandar sig.

6.Pinto Bean köttbullar med Mayo

INGREDIENSER:
- 1½ dl kokta pintobönor
- 1 schalottenlök, hackad
- 1 vitlöksklyfta, finhackad
- 2 msk hackad färsk koriander
- 1 tsk kreolsk krydda
- ¼ kopp veteglutenmjöl
- Salt och nymalen svartpeppar
- ½ kopp torrt okryddat mandelmjöl
- 2 tsk färsk limejuice
- 1 serrano chili, kärnad och finhackad
- 2 matskedar olivolja

INSTRUKTIONER:
- Torka av bönorna med hushållspapper för att absorbera överflödig fukt.
- I en matberedare, kombinera bönorna, schalottenlök, vitlök, koriander, kreolsk krydda, mjöl och salt och peppar efter smak. Bearbeta tills det är väl blandat.
- Forma blandningen till 4 lika stora köttbullar, tillsätt mer mjöl om det behövs.
- Muddra köttbullarna i mandelmjölet. Kyl i 20 minuter.
- I en skål, kombinera majonnäs, limejuice och serrano chili.
- Smaka av med salt och peppar, blanda väl och ställ i kylen tills den ska serveras.
- Värm oljan på medelvärme i en stekpanna.
- Tillsätt köttbullarna och stek tills de är bruna och krispiga på båda sidor, ca 5 minuter per sida.

27. Linser, svamp & ris köttbullar

INGREDIENSER:

- ¾ kopp Linser
- 1 Sötpotatis
- 10 Färska spenatblad
- 1 kopp Färska svampar, hackade
- ¾ kopp mandelmjöl
- 1 tsk Dragon
- 1 tsk Vitlökspulver
- 1 tsk Persiljeflingor
- ¾ kopp Långkornigt ris

INSTRUKTIONER:

- Koka ris tills det är kokt och lite klibbigt och linser tills det är mjukt. Kyl något.
- Finhacka en skalad sötpotatis och koka tills den är mjuk. Kyl något.
- Spenatblad ska sköljas och finstrimlas.
- Blanda alla ingredienser och kryddor, tillsätt salt och peppar efter smak.
- Ställ i kylen i 15-30 min.
- Forma till köttbullar och fräs i en stekpanna eller på grönsaksgrill.
- Se till att smörja eller spraya en panna med Pam eftersom dessa köttbullar tenderar att fastna.

28. Shiitake och havre köttbullar

INGREDIENSER:

- 8 uns Havre
- 4 uns vegansk mozzarellaost
- 3 uns shiitakesvamp i tärningar
- 3 uns vitlök i tärningar
- 2 hackade vitlöksklyftor
- 2 uns röd paprika i tärningar
- 2 uns zucchinitärningar

INSTRUKTIONER:

- Blanda alla ingredienser i en matberedare.
- Tryck på på/av-knappen för att blanda ingredienserna grovt.
- Blanda inte för mycket. Slutblandning kan göras för hand.
- Forma till fyra uns köttbullar.
- Tillsätt en mängd olivolja i en stekpanna.
- När pannan är varm, tillsätt köttbullar.
- Koka en minut per sida.

9.Havre & Vegan Mozzarella köttbullar

INGREDIENSER:

- ½ kopp grön lök, hackad
- ¼ kopp grön paprika, hackad
- ¼ kopp persilja, hackad
- ¼ tesked vitpeppar
- 2 vitlöksklyftor, tärnade
- ½ kopp vegansk mozzarellaost, riven
- ¾ kopp brunt ris
- ⅓ kopp vatten eller vitt vin
- ½ kopp morot, strimlad
- ⅔ kopp lök, hackad
- 3 stjälkar selleri, hackade
- 1¼ tsk kryddsalt
- ¾ tesked timjan
- ½ kopp vegansk cheddarost, riven
- 2 koppar snabb havre
- ¾ kopp bulgurvete

INSTRUKTIONER:

- Koka riset och bulgurvetet.
- Bräsera grönsaker i 3 minuter i en täckt panna, rör om en eller två gånger.
- Låt rinna av ordentligt och blanda med ris och vegansk ost tills osten smält något.
- Blanda i resterande ingredienser.
- Forma till 4-ounce köttbullar.
- Tillaga i ca 10 minuter vardera på en grill med hjälp av matlagningsspray.
- Servera som huvudrätt.

30.Valnöt och grönsaksköttbullar

INGREDIENSER:
- ½ rödlök
- 1 revben selleri
- 1 morot
- ½ röd paprika
- 1 kopp valnötter, rostade, malda
- ½ kopp panko
- ½ kopp orzo pasta
- 2 veganska äggersättningsmedel
- Salt och peppar
- Avokadoskivor
- Rödlökskivor
- Ketchup
- Senap

INSTRUKTIONER:
- Fräs lökselleri, morötter och röd paprika i olja tills den är mjuk
- Tillsätt vitlök, nötter, smulor och ris. Forma till köttbullar.
- Stek i olja tills de är gyllene.
- Montera på en skål.

31. Marockanska Yam Veggie köttbullar

INGREDIENSER:
- 1½ dl skalad och riven yam
- 2 vitlöksklyftor, skalade
- ¾ kopp färska korianderblad
- 1 bit färsk ingefära, skalad
- 15-ounce burk kikärter, avrunna och sköljda
- 2 msk malet lin blandat med 3 msk vatten
- ¾ kopp havregryn, mald till ett mjöl
- ½ msk sesamolja
- 1 matsked kokosnötsaminos eller tamari med låg natriumhalt
- ½ tsk finkornigt havssalt eller rosa Himalayasalt efter smak
- Nymalen svartpeppar, efter smak
- 1½ tsk chilipulver
- 1 tsk spiskummin
- ½ tsk koriander
- ¼ tesked kanel
- ¼ tesked gurkmeja
- ½ kopp koriander-lime tahinisås

INSTRUKTIONER:
- Värm ugnen till 350F.
- Klä en bakplåt med en bit bakplåtspapper.
- Finhacka vitlök, koriander och ingefära tills det är fint hackat.
- Tillsätt avrunna kikärter och bearbeta igen tills de är finhackade, men lämna lite konsistens. Häll denna blandning i en skål.
- I en skål, rör ihop lin- och vattenblandningen.

- Mal havren till mjöl med hjälp av en mixer eller matberedare.
- Rör ner detta i blandningen tillsammans med linblandningen.
- Rör nu i oljan, aminos/tamari, salt/peppar och kryddor tills de är ordentligt blandade. Justera efter smak om så önskas.
- Forma 6-8 köttbullar, packa ihop blandningen ordentligt. Lägg på en bakplåt.
- Grädda i 15 minuter, vänd sedan försiktigt och grädda i ytterligare 18-23 minuter tills de är gyllene och fasta. Coolt på Mr.

32.Linser, pistage och shiitake köttbullar

INGREDIENSER:
- 3 schalottenlök, tärnade
- 2 tsk olivolja
- $\frac{1}{2}$ kopp svarta linser, sköljda
- 6 torkade shiitakesvampkapslar
- $\frac{1}{2}$ kopp pistagenötter
- $\frac{1}{4}$ kopp färsk persilja, hackad
- $\frac{1}{4}$ kopp vitalt vetegluten
- 1 matsked Ener-G, vispad med $\frac{1}{8}$ kopp vatten
- 2 tsk torkad gnidad salvia
- $\frac{1}{2}$ tsk salt
- $\frac{1}{4}$ tesked knäckt peppar

INSTRUKTIONER:
- Fräs den tärnade schalottenlöken med oljan på låg värme. Avsätta.
- Koka upp tre koppar vatten.
- Lägg i linser och torkade shiitake-kapslar och lägg locket över grytan så att lite ånga kan rinna ut under tillagningen.
- Koka i 18-20 minuter, häll dem sedan i en finmaskig sil för att rinna av och svalna.
- Ta bort shiitaken från linserna och tärna dem, ta bort de sega stjälkarna.
- Lägg pistagenötterna i en matberedare och grovmal dem.
- Tillsätt schalottenlök, linser, tärnade shiitake-kapslar, pistagenötter och persilja i en skål och blanda tills det är väl blandat.
- Tillsätt det livsviktiga vetegluten och rör om.

- Tillsätt vatten/Energ-G-blandningen och rör om i cirka två minuter med en kraftig gaffel så att glutenet får utvecklas.
- Tillsätt salvia och salt och peppar och rör om tills det är väl blandat.
- För att steka köttbullarna, forma dem till köttbullar, pressa ihop blandningen lätt medan du formar den.
- Stek i en stekpanna med lite olivolja 2-3 minuter på varje sida, eller tills den fått lite färg.

3. köttbullar med hög proteinhalt

INGREDIENSER:
- 1 kopp texturerat vegetabiliskt protein
- ½ kopp kokta röda kidneybönor
- 3 matskedar olja
- 1 msk lönnsirap
- 2 msk tomatpuré
- 1 msk sojasås
- 1 msk näringsjäst
- ½ tsk malen spiskummin
- ¼ tesked vardera: paprikamalet chilipulver, vitlökspulver, lökpulver, oregano
- ⅛ tesked flytande rök
- ¼ kopp vatten eller rödbetsjuice
- ½ kopp vitalt vetegluten

INSTRUKTIONER:
- Koka upp en kastrull med vatten.
- Tillsätt det strukturerade vegetabiliska proteinet och låt puttra i 10-12 minuter.
- Töm TVP:n och skölj den ett par gånger.
- Kläm TVP:n med händerna för att ta bort överflödig fukt.
- Tillsätt de kokta bönorna, oljan, lönnsirap, tomatpuré, sojasås, näringsjäst, kryddor, flytande rök och vatten i skålen på en matberedare.
- Bearbeta i 20 sekunder, skrapa ner sidorna och bearbeta igen tills det bildar en puré.
- Tillsätt den rehydrerade TVP och bearbeta i 7-10 sekunder, eller tills TVP är väl hackad.
- Överför blandningen till en mixerskål och tillsätt det vitala veteglutenet.

- Blanda och knåda sedan med händerna i 2-3 minuter för att utveckla glutenet.
- Dela blandningen i 3 och forma köttbullar.
- Slå försiktigt in varje köttbulle i bakplåtspapper och sedan i aluminiumfolie.
- Lägg de inslagna köttbullarna i en tryckkokare och tryckkoka i $1\frac{1}{2}$ timme.
- När de är kokta, packa upp köttbullarna och låt dem svalna i 10 minuter.
- Stek köttbullarna i lite olja tills de är gyllenbruna på varje sida.
- Köttbullar håller sig i upp till 4 dagar i kylen.

34. Tofubollar

INGREDIENSER:

- 6 koppar vatten; kokande
- 5 koppar tofu; smulas sönder
- 1 kopp fullkornsbrödsmulor
- $\frac{1}{4}$ kopp Tamari
- $\frac{1}{4}$ kopp näringsjäst
- $\frac{1}{4}$ kopp jordnötssmör
- Äggersättning för 1 ägg
- $\frac{1}{2}$ kopp lök; finhackat
- 4 Vitlöksklyftor; nedtryckt
- 1 tsk timjan
- 1 tsk basilika
- $\frac{1}{4}$ tesked sellerifrö
- $\frac{1}{4}$ tesked kryddnejlika; jord

INSTRUKTIONER:

- Släpp allt utom 1 kopp av den smulade tofun i det kokande vattnet. Tryck på tofun.
- Tillsätt de återstående ingredienserna till den pressade tofun och blanda väl.
- Forma blandningen till valnötsstora bollar och lägg dem på en väloljad plåt.
- Grädda i 350 grader i 20-25 minuter eller tills bollarna är fasta och bruna.
- Vänd dem vid behov en gång under gräddningen.

35.Blomkål, bönor & spenat Köttbulle med

INGREDIENSER:
- 9 oz blomkålsbuketter, kokta
- 7 oz fryst hackad spenat, tinad
- 400 g burk svarta bönor, avrunna
- 2 vitlöksklyftor, krossade eller rivna
- 2 tsk sojasås
- 1 tsk blandade torkade örter

INSTRUKTIONER:
- Koka blomkålsbuketterna i en kastrull med kokande vatten.
- Riv blomkålen i en skål och tillsätt sedan spenat, bönor, vitlök, sojasås och blandade örter.
- Arbeta ihop blandningen med en potatisstöt till en grov deg.
- Blanda havren till ett fint pulver , lägg sedan i skålen och blanda ihop.
- Rulla blandningen till bollar .
- Stek grönsaksbollarna i omgångar tills de är gyllenbruna
.

36. Ugnsbakade veganska köttbullar

INGREDIENSER:
- 1 msk malda linfrön
- ¼ kopp + 3 msk grönsaksbuljong
- 1 stor lök, skalad och skuren i fjärdedelar
- 2 vitlöksklyftor, skalade
- 1½ planta köttbullar
- 1 dl brödsmulor
- ½ kopp vegansk parmesanost
- 2 msk färsk persilja, finhackad
- Salta och peppra, efter smak
- Spray för matolja

INSTRUKTIONER:
- Tillsätt lök och vitlök i en matberedare och mixa tills den är mosad.
- Tillsätt linägg, ¼ kopp grönsaksbuljong, purerad lök och vitlök, Impossible köttbullar växtkött, brödsmulor, vegansk parmesanost, persilja och en nypa salt och peppar i en stor blandningsskål. Blanda väl för att kombinera.
- Från den veganska köttbullarblandningen till 32 bollar .
- Lägg veganska köttbullar på den klädda bakplåten och grädda i ugnen i cirka 10 minuter, eller tills de är gyllenbruna.

37. Svamp & Cashew Parmesan köttbullar

INGREDIENSER:
- 1 msk olivolja
- 1 pund färska vita svampar
- 1 nypa salt
- 1 msk smör
- ½ kopp finhackad lök
- 4 vitlöksklyftor, hackade
- ½ kopp snabbkokt havre
- 1-ounce cashew parmesan
- ½ dl brödsmulor
- ¼ kopp hackad platt bladpersilja
- 2 ägg, delade
- 1 tesked salt
- nymalen svartpeppar efter smak
- 1 nypa cayennepeppar, eller efter smak
- 1 nypa torkad oregano
- 3 dl pastasås
- 1 msk cashew parmesan
- 1 msk hackad plattbladspersilja

INSTRUKTIONER:
- Hetta upp olivolja i en stekpanna på medelhög värme.
- Tillsätt svamp i den heta oljan, strö över salt och koka och rör om tills vätskan från svampen har avdunstat.
- Rör smör i svamp, sänk värmen till medel och koka och rör om svamp tills de är gyllenbruna, cirka 5 minuter

38.Cremini & Linseköttbullar

INGREDIENSER:
- 1 dl torkade linser
- ¼ kopp olivolja
- 1 lök, ca 1 dl hackad
- 8 oz Cremini-svampar
- 3 vitlöksklyftor, hackade
- 1½ dl Panko brödsmulor
- Nyp italiensk krydda & cayennepeppar
- 2½ teskedar Salt, delat
- 2 ägg
- 1 dl vegansk parmesanost

INSTRUKTIONER:
- I en stor skål, blanda ihop tomathalvor tillsammans med 1 tsk italiensk krydda, 1 tsk salt och ¼ kopp olivolja.
- Mixa svampen i en matberedare tills de är ungefär lika stora som ärtor.
- När oljan är varm, tillsätt löken och fräs i ca 3 minuter tills den är genomskinlig. Tillsätt vitlök och den pulserade svampen och fräs.
- Kombinera svamplinsblandningen i en stor skål tillsammans med pankobrödsmulor och kryddor.
- Forma bollar & baka.

39. Citron oregano köttbullar

INGREDIENSER:
- 1 msk malda linfrön
- 1 msk olivolja, plus extra
- 1 liten gul lök & 3 vitlöksklyftor
- Nyp Oregano, Lökpulver, Tamari
- $\frac{1}{2}$ tsk mald chili
- havssalt och mald svartpeppar, efter smak
- $1\frac{1}{2}$ msk citronsaft och skal
- 1 kopp valnötshalvor
- $\frac{3}{4}$ kopp havregryn
- $1\frac{1}{2}$ dl kokta vita bönor
- $\frac{1}{4}$ kopp färsk persilja & $\frac{1}{4}$ kopp färsk dill

INSTRUKTIONER:
- I en liten skål, kombinera malet lin och vatten.
- Fräs löken och tillsätt vitlök och oregano.
- Tillsätt näringsjäst, chili, lökpulver, salt och peppar i pannan och rör om i cirka 30 sekunder.
- Häll i deras citronsaft.
- Pulsera valnötterna, bönorna och havren tills du har en grov måltid.
- Tillsätt lingelblandningen, den sauterade lök- och vitlöksblandningen, tamari, citronskal, persilja, dill och stora nypor salt och peppar.
- Rulla den till en boll & Grädda köttbullarna i 25 minuter

40. Med Riracha -kikärtsköttbullar

INGREDIENSER:
- 1 msk linfrömjöl
- 14-ounce burk kikärter, avrunna och sköljda
- 1 ½ dl kokt farro
- ¼ kopp gammaldags havre
- 2 vitlöksklyftor, pressade
- 1 tsk finriven ingefärsrot
- ½ tsk salt
- 1 matsked het chilesesamolja
- 1 matsked sriracha

INSTRUKTIONER:
- Värm ugnen till 400 grader Fahrenheit. Klä en plåt med folie och ställ åt sidan.
- Kombinera linfrömjölet med 3 matskedar vatten; Skorpionen.
- Ställ åt sidan för att vila i 5 minuter.
- Lägg kikärtorna, farro, havre, vitlök, ingefära, salt, sesamolja och sriracha i skålen på en stor matberedare eller mixer.
- Häll i det återstående linägget och pulsera tills ingredienserna precis har blandat sig.
- Rulla blandningen till en-matskedsbollar och baka .

41. Veganska svampköttbullar

INGREDIENSER:

- 1 msk malda linfrö
- 3 matskedar vatten
- 4 uns baby Bella svamp
- ½ kopp tärnad lök
- 1 msk olivolja delad
- ¼ tesked salt
- 1 msk sojasås
- 1 msk italiensk krydda
- 1-ounce burk kikärter avrunnen
- 1 kopp vanligt ströbröd
- 1 msk näringsjäst

INSTRUKTIONER:

- Hacka svampen grovt och tärna löken.
- I en medelstor panna, värm 1 msk olivolja över medelhög värme.
- Tillsätt svampen och löken och strö över ¼ tsk salt.
- Fräs i 5 minuter, eller tills svampen är mjuk.
- Tillsätt sojasåsen och den italienska kryddningen och koka ytterligare en minut.
- Kombinera kikärter, linägg, ströbröd, näringsjäst och sauterad lök och svamp i en matberedare med standardbladfäste.
- Puls tills det mesta bryts ner. Några små bitar av kikärt eller svamp borde fortfarande finnas kvar.
- Använd rena händer för att rulla köttbulleblandningen till 12 ungefär pingisstora bollar.
- Grädda i 30 minuter i 350 graders ugn.

42. Spaghetti med grönsaker och köttbullar

INGREDIENSER:
- 3 Lök
- ½ pund Svamp, skivad
- 4 matskedar Olivolja
- 1 burk Tomater
- 1 burk Tomatpuré
- 1 Selleristjälk hackad
- 3 Morötter rivna
- 6 matskedar Smör
- 3 Ägg vispade
- 1½ koppar Matzo måltid
- 2 dl kokta gröna ärtor
- 1 tsk salt
- ¼ tesked peppar
- 1 pund Spaghetti, kokt
- Riven vegansk ost

INSTRUKTIONER:
- Koka tärnad lök och svamp i oljan i 10 minuter.
- Tillsätt tomater, tomatpuré och oregano.
- Täck över och koka på låg värme i 1 timme. Rätt krydda.
- Koka hackad lök, selleri och morötter i hälften av smöret i 15 minuter. Häftigt.
- Tillsätt äggen, 1 kopp matzomjöl, ärtorna, salt och peppar.
- Rulla till små bollar och doppa i resterande matzomåltid.

☑

43. Tempeh och lök köttbullar

INGREDIENSER:
KÖTTBULLE
- ½ liten rödlök, hackad
- 8 uns tempeh, hackad
- 3 vitlöksklyftor, hackade
- 1 msk olja, delad
- 3 matskedar vanlig, osötad vegansk yoghurt
- ½ kopp ströbröd
- 1 tsk fint havssalt

TANDOORI KRYDDBLANDNING:
- 1½ tsk paprika
- ½ tsk koriander
- ½ tsk ingefära
- ¼ tesked spiskummin
- ¼ tesked kardemumma
- ¼ tesked gurkmeja
- ¼ tesked garam masala
- ¼ tesked cayennepepp

INSTRUKTIONER:
- Värm ugnen till 375 grader F (190 C) och klä en bakplåt med bakplåtspapper.
- Vispa ihop de 8 ingredienserna som utgör kryddblandningen i en liten skål. Avsätta.
- Förvärm en stor stekpanna på medelvärme.
- Tillsätt 1 tsk olja och koka löken och tempen i 5 till 7 minuter eller tills tempen är gyllene.
- Skjut tempeh och lök på ena sidan av pannan och tillsätt de återstående 2 teskedar olja på den andra sidan av pannan.
- Tillsätt vitlöken och kryddblandningen direkt i oljan.

- Rör om och kombinera sedan med tempeh och lök.
- Rör om ofta, koka i 1 minut och ta bort från värmen.
- Överför tempehblandningen till en matberedare.
- Pulsera 5 eller 6 gånger eller tills det mestadels är hackat och enhetligt.
- Tillsätt ströbröd, salt och yoghurt och bearbeta tills det är väl blandat.
- Använd en sked eller en liten kaka för att portionera ut köttbullar.
- Rulla mellan handflatorna och lägg på en bakplåtspapperklädd plåt.
- Grädda i 25 till 28 minuter, vänd på halvvägs.

4. Linser och svampköttbullar

INGREDIENSER:

- 1 dl kokta linser
- 1 dl svamp, finhackad
- 1/2 kopp ströbröd
- 1/4 kopp riven parmesanost
- 1 liten lök, finhackad
- 2 vitlöksklyftor, hackade
- 1 msk hackad färsk persilja
- 1 tsk torkad oregano
- Salta och peppra efter smak
- 1 ägg, uppvispat

INSTRUKTIONER:

- I en stor skål, kombinera alla ingredienser och blanda väl.
- Forma blandningen till små köttbullar.
- Hetta upp lite olja i en kastrull på medelvärme.
- Koka köttbullarna tills de fått färg och genomstekt, ca 10-12 minuter.
- Servera med din favoritsås eller pasta.

5.Köttbullar av sötpotatis och svarta bönor

INGREDIENSER:

2 dl mosad sötpotatis
1 kopp kokta svarta bönor, avrunna och sköljda
1/2 kopp ströbröd
1/4 kopp hackad salladslök
2 vitlöksklyftor, hackade
1 tsk malen spiskummin
1/2 tsk rökt paprika
Salta och peppra efter smak
1 ägg, uppvispat

INSTRUKTIONER:

I en stor skål, kombinera alla ingredienser och blanda väl.

Forma blandningen till köttbullar och lägg dem på en plåt.

Grädda i en förvärmd ugn vid 375°F (190°C) i 20-25 minuter eller tills de fått färg och är krispiga.

Servera med en sida av rostade grönsaker eller i en smörgås.

6.Blomkål och kikärtsköttbullar

INGREDIENSER:

2 dl blomkålsbuketter, ångade och finhackade
1 dl kokta kikärter, mosade
1/2 kopp ströbröd
1/4 kopp riven parmesanost
1 liten lök, finhackad
2 vitlöksklyftor, hackade
1 msk hackad färsk koriander
1 tsk malen spiskummin
Salta och peppra efter smak
1 ägg, uppvispat

INSTRUKTIONER:

I en stor skål, kombinera alla ingredienser och blanda väl.

Forma blandningen till köttbullar och lägg dem på en smord plåt.

Grädda i en förvärmd ugn vid 375°F (190°C) i 20-25 minuter eller tills de är gyllenbruna.

Servera med din favoritsås eller som topping till sallader.

7. Zucchini och Quinoaköttbullar

INGREDIENSER:

2 dl riven zucchini
1 kopp kokt quinoa
1/2 kopp ströbröd
1/4 kopp riven parmesanost
1 liten lök, finhackad
2 vitlöksklyftor, hackade
1 msk hackad färsk basilika
1 tsk torkad oregano
Salta och peppra efter smak
1 ägg, uppvispat

INSTRUKTIONER:

Lägg den rivna zucchinin i en ren kökshandduk och krama ur eventuell överflödig fukt.

I en stor skål, kombinera zucchini, quinoa, ströbröd, parmesanost, lök, vitlök, basilika, oregano, salt, peppar och ägg. Blanda väl.

Forma blandningen till köttbullar och lägg dem på en plåt.

Grädda i en förvärmd ugn vid 375°F (190°C) i 20-25 minuter eller tills de är gyllenbruna.

Servera med marinarasås eller njut av dem i en submacka.

3.Spenat och feta köttbullar

INGREDIENSER:

2 dl hackad spenat, kokad och avrunnen
1 dl smulad fetaost
1/2 kopp ströbröd
1/4 kopp hackad färsk dill
2 vitlöksklyftor, hackade
1 liten lök, finhackad
1/4 tsk muskotnöt
Salta och peppra efter smak
1 ägg, uppvispat

INSTRUKTIONER:

I en stor skål, kombinera alla ingredienser och blanda väl.

Forma blandningen till köttbullar och lägg dem på en plåt.

Grädda i en förvärmd ugn vid 375°F (190°C) i 20-25 minuter eller tills de är gyllenbruna.

Servera med tzatzikisås och pitabröd.

9. Broccoli och Cheddar köttbullar

INGREDIENSER:

2 dl finhackade broccolibuktor, ångade och avrunna
1 dl riven cheddarost
1/2 kopp ströbröd
1/4 kopp riven parmesanost
1 liten lök, finhackad
2 vitlöksklyftor, hackade
1 msk hackad färsk persilja
Salta och peppra efter smak
1 ägg, uppvispat

INSTRUKTIONER:

I en stor skål, kombinera alla ingredienser och blanda väl.

Forma blandningen till köttbullar och lägg dem på en plåt.

Grädda i en förvärmd ugn vid 375°F (190°C) i 20-25 minuter eller tills de är gyllenbruna.

Servera med marinarasås eller som tillbehör.

0.Morot och kikärtsköttbullar

INGREDIENSER:

2 dl rivna morötter
1 dl kokta kikärter, mosade
1/2 kopp ströbröd
1/4 kopp hackad färsk persilja
2 vitlöksklyftor, hackade
1 liten lök, finhackad
1 tsk malen spiskummin
1/2 tsk mald koriander
Salta och peppra efter smak
1 ägg, uppvispat

INSTRUKTIONER:

I en stor skål, kombinera alla ingredienser och blanda väl.

Forma blandningen till köttbullar och lägg dem på en smord plåt.

Grädda i en förvärmd ugn vid 375°F (190°C) i 20-25 minuter eller tills de fått färg och är krispiga.

Servera med en yoghurtdippsås eller över couscous.

1. Svamp- och valnötsköttbullar

INGREDIENSER:

2 dl svamp, finhackad
1 dl valnötter, finhackade
1/2 kopp ströbröd
1/4 kopp riven parmesanost
1 liten lök, finhackad
2 vitlöksklyftor, hackade
1 msk hackad färsk timjan
Salta och peppra efter smak
1 ägg, uppvispat

INSTRUKTIONER:

I en stor skål, kombinera alla ingredienser och blanda väl.

Forma blandningen till köttbullar och lägg dem på en plåt.

Grädda i en förvärmd ugn vid 375°F (190°C) i 20-25 minuter eller tills de är gyllenbruna.

Servera med en krämig svampsås eller över pasta.

2.Betor och Quinoaköttbullar

INGREDIENSER:

2 dl rivna rödbetor
1 kopp kokt quinoa
1/2 kopp ströbröd
1/4 kopp hackad färsk persilja
2 vitlöksklyftor, hackade
1 liten lök, finhackad
1 tsk malen spiskummin
Salta och peppra efter smak
1 ägg, uppvispat

INSTRUKTIONER:

I en stor skål, kombinera alla ingredienser och blanda väl.

Forma blandningen till köttbullar och lägg dem på en plåt.

Grädda i en förvärmd ugn vid 375°F (190°C) i 20-25 minuter eller tills de fått färg och är krispiga.

Servera med en syrlig yoghurtsås eller i en sallad.

3.Quinoa och majsköttbullar

INGREDIENSER:

2 dl kokt quinoa
1 kopp majskärnor
1/2 kopp ströbröd
1/4 kopp riven parmesanost
1 liten lök, finhackad
2 vitlöksklyftor, hackade
1 msk hackad färsk koriander
1 tsk malen spiskummin
Salta och peppra efter smak
1 ägg, uppvispat

INSTRUKTIONER:

I en stor skål, kombinera alla ingredienser och blanda väl.

Forma blandningen till köttbullar och lägg dem på en smord plåt.

Grädda i en förvärmd ugn vid 375°F (190°C) i 20-25 minuter eller tills de är gyllenbruna.

Servera med salsa eller som fyllning till tacos.

4.Aubergine och kikärtsköttbullar

INGREDIENSER:

2 koppar kokt aubergine, mosad
1 dl kokta kikärter, mosade
1/2 kopp ströbröd
1/4 kopp riven parmesanost
1 liten lök, finhackad
2 vitlöksklyftor, hackade
1 msk hackad färsk basilika
1 tsk torkad oregano
Salta och peppra efter smak
1 ägg, uppvispat

INSTRUKTIONER:

I en stor skål, kombinera alla ingredienser och blanda väl.

Forma blandningen till köttbullar och lägg dem på en plåt.

Grädda i en förvärmd ugn vid 375°F (190°C) i 20-25 minuter eller tills de fått färg och är krispiga.

Servera med marinarasås och spagetti.

5.Potatis och ärtköttbullar

INGREDIENSER:

2 koppar potatismos
1 dl kokta ärtor
1/2 kopp ströbröd
1/4 kopp riven parmesanost
1 liten lök, finhackad
2 vitlöksklyftor, hackade
1 msk hackad färsk mynta
Salta och peppra efter smak
1 ägg, uppvispat

INSTRUKTIONER:

I en stor skål, kombinera alla ingredienser och blanda väl.

Forma blandningen till köttbullar och lägg dem på en smord plåt.

Grädda i en förvärmd ugn vid 375°F (190°C) i 20-25 minuter eller tills de är gyllenbruna.

Servera med mintyoghurtsås eller som tillbehör.

6.Majs och röd paprika köttbullar

INGREDIENSER:

2 dl majskärnor
1 dl rostad röd paprika, hackad
1/2 kopp ströbröd
1/4 kopp hackad färsk koriander
2 vitlöksklyftor, hackade
1 liten lök, finhackad
1 tsk malen spiskummin
1/2 tsk rökt paprika
Salta och peppra efter smak
1 ägg, uppvispat

INSTRUKTIONER:

I en stor skål, kombinera alla ingredienser och blanda väl.

Forma blandningen till köttbullar och lägg dem på en plåt.

Grädda i en förvärmd ugn vid 375°F (190°C) i 20-25 minuter eller tills de är gyllenbruna.

Servera med chipotle-majo-dippsås eller i wrap.

7. Butternut Squash och salvia köttbullar

INGREDIENSER:

2 dl kokt butternut squash, mosad
1 kopp ströbröd
1/4 kopp riven parmesanost
1 liten lök, finhackad
2 vitlöksklyftor, hackade
1 msk hackad färsk salvia
Salta och peppra efter smak
1 ägg, uppvispat

INSTRUKTIONER:

I en stor skål, kombinera alla ingredienser och blanda väl.

Forma blandningen till köttbullar och lägg dem på en smord plåt.

Grädda i en förvärmd ugn vid 375°F (190°C) i 20-25 minuter eller tills de fått färg och är krispiga.

Servera med en krämig Alfredosås eller som tillbehör.

8.Grönkål och vita bönor köttbullar

INGREDIENSER:

2 dl hackad grönkål, blancherad och avrunnen
1 dl kokta vita bönor, mosade
1/2 kopp ströbröd
1/4 kopp hackad färsk persilja
2 vitlöksklyftor, hackade
1 liten lök, finhackad
1 tsk torkad oregano
Salta och peppra efter smak
1 ägg, uppvispat

INSTRUKTIONER:

I en stor skål, kombinera alla ingredienser och blanda väl.
Forma blandningen till köttbullar och lägg dem på en plåt.
Grädda i en förvärmd ugn vid 375°F (190°C) i 20-25 minuter eller tills de är gyllenbruna.
Servera med marinarasås eller i wrap.

9. Quinoa och spenat köttbullar

INGREDIENSER:
2 dl kokt quinoa
1 dl hackad spenat
1/2 kopp ströbröd
1/4 kopp riven parmesanost
1 liten lök, finhackad
2 vitlöksklyftor, hackade
1 msk hackad färsk basilika
Salta och peppra efter smak
1 ägg, uppvispat

INSTRUKTIONER:

I en stor skål, kombinera alla ingredienser och blanda väl.

Forma blandningen till köttbullar och lägg dem på en smord plåt.

Grädda i en förvärmd ugn vid 375°F (190°C) i 20-25 minuter eller tills de är gyllenbruna.

Servera med marinarasås eller på en spaghettibädd.

Blomkål och Quinoaköttbullar

INGREDIENSER:
2 dl finhackade blomkålsbuketter, ångade och avrunna
1 kopp kokt quinoa
1/2 kopp ströbröd
1/4 kopp riven parmesanost
1 liten lök, finhackad
2 vitlöksklyftor, hackade
1 msk hackad färsk persilja
Salta och peppra efter smak
1 ägg, uppvispat

INSTRUKTIONER:

I en stor skål, kombinera alla ingredienser och blanda väl.

Forma blandningen till köttbullar och lägg dem på en smord plåt.

Grädda i en förvärmd ugn vid 375°F (190°C) i 20-25 minuter eller tills de är gyllenbruna.

Servera med din favoritsås eller som vegetarisk smörgåsfyllning.

61.Kikärts- och spenatköttbullar

INGREDIENSER:

2 dl kokta kikärter, mosade
1 dl hackad spenat
1/2 kopp ströbröd
1/4 kopp riven parmesanost
1 liten lök, finhackad
2 vitlöksklyftor, hackade
1 msk hackad färsk koriander
1 tsk malen spiskummin
Salta och peppra efter smak
1 ägg, uppvispat

INSTRUKTIONER:

I en stor skål, kombinera alla ingredienser och blanda väl.

Forma blandningen till köttbullar och lägg dem på en smord plåt.

Grädda i en förvärmd ugn vid 375°F (190°C) i 20-25 minuter eller tills de fått färg och är krispiga.

Servera med en yoghurtbaserad sås eller i en pitabocka.

2. Sötpotatis och kikärtsköttbullar

INGREDIENSER:

2 dl mosad sötpotatis
1 dl kokta kikärter, mosade
1/2 kopp ströbröd
1/4 kopp hackad färsk koriander
2 vitlöksklyftor, hackade
1 liten lök, finhackad
1 tsk malen spiskummin
1/2 tsk rökt paprika
Salta och peppra efter smak
1 ägg, uppvispat

INSTRUKTIONER:

I en stor skål, kombinera alla ingredienser och blanda väl.

Forma blandningen till köttbullar och lägg dem på en plåt.

Grädda i en förvärmd ugn vid 375°F (190°C) i 20-25 minuter eller tills de är gyllenbruna.

Servera med en kryddig dippsås eller i wrap med färska grönsaker.

3.Svamp- och linseköttbullar

INGREDIENSER:
2 dl finhackad svamp
1 dl kokta linser
1/2 kopp ströbröd
1/4 kopp riven parmesanost
1 liten lök, finhackad
2 vitlöksklyftor, hackade
1 msk hackad färsk timjan
Salta och peppra efter smak
1 ägg, uppvispat

INSTRUKTIONER:

I en stor skål, kombinera alla ingredienser och blanda väl.

Forma blandningen till köttbullar och lägg dem på en plåt.

Grädda i en förvärmd ugn vid 375°F (190°C) i 20-25 minuter eller tills de fått färg och genomstekt.

Servera med en krämig svampsås eller som tillbehör.

4.Köttbullar av morot och zucchini

INGREDIENSER:

1 dl rivna morötter
1 dl riven zucchini
1/2 kopp ströbröd
1/4 kopp riven parmesanost
1 liten lök, finhackad
2 vitlöksklyftor, hackade
1 msk hackad färsk persilja
Salta och peppra efter smak
1 ägg, uppvispat

INSTRUKTIONER:

I en stor skål, kombinera alla ingredienser och blanda väl.

Forma blandningen till köttbullar och lägg dem på en plåt.

Grädda i en förvärmd ugn vid 375°F (190°C) i 20-25 minuter eller tills de är gyllenbruna.

Servera med marinarasås eller i grönsaksröra.

5.Quinoa och svampköttbullar

INGREDIENSER:

2 dl kokt quinoa
1 dl finhackad svamp
1/2 kopp ströbröd
1/4 kopp riven parmesanost
1 liten lök, finhackad
2 vitlöksklyftor, hackade
1 msk hackad färsk rosmarin
Salta och peppra efter smak
1 ägg, uppvispat

INSTRUKTIONER:

I en stor skål, kombinera alla ingredienser och blanda väl.

Forma blandningen till köttbullar och lägg dem på en plåt.

Grädda i en förvärmd ugn vid 375°F (190°C) i 20-25 minuter eller tills de fått färg och är krispiga.

Servera med en svampsås eller som topping till quinoaskålar.

5. Svarta bönor och majs köttbullar

INGREDIENSER:

1 kopp kokta svarta bönor, mosade
1 kopp majskärnor
1/2 kopp ströbröd
1/4 kopp hackad färsk koriander
1 liten lök, finhackad
2 vitlöksklyftor, hackade
1 tsk malen spiskummin
1/2 tsk chilipulver
Salta och peppra efter smak
1 ägg, uppvispat

INSTRUKTIONER:

I en stor skål, kombinera alla ingredienser och blanda väl.

Forma blandningen till köttbullar och lägg dem på en plåt.

Grädda i en förvärmd ugn vid 375°F (190°C) i 20-25 minuter eller tills de är gyllenbruna.

Servera med en syrlig avokadosalsa eller i en mexikansk-inspirerad spannmålsskål.

7.Broccoli och cheddarost köttbullar

INGREDIENSER:

2 dl finhackade broccolibuktor, ångade och avrunna
1 dl riven cheddarost
1/2 kopp ströbröd
1/4 kopp riven parmesanost
1 liten lök, finhackad
2 vitlöksklyftor, hackade
1 msk hackad färsk persilja
Salta och peppra efter smak
1 ägg, uppvispat

INSTRUKTIONER:

I en stor skål, kombinera alla ingredienser och blanda väl.

Forma blandningen till köttbullar och lägg dem på en plåt.

Grädda i en förvärmd ugn vid 375°F (190°C) i 20-25 minuter eller tills de är gyllenbruna.

Servera med marinarasås eller som tillbehör.

8.Blomkål och ostköttbullar

INGREDIENSER:

2 dl finhackade blomkålsbuketter, ångade och avrunna
1 kopp ströbröd
1/2 kopp riven parmesanost
1 liten lök, finhackad
2 vitlöksklyftor, hackade
1 msk hackad färsk timjan
Salta och peppra efter smak
1 ägg, uppvispat

INSTRUKTIONER:

I en stor skål, kombinera alla ingredienser och blanda väl.
Forma blandningen till köttbullar och lägg dem på en plåt.
Grädda i en förvärmd ugn vid 375°F (190°C) i 20-25 minuter eller tills de är gyllenbruna.
Servera med en krämig ostsås eller som en vegetarisk förrätt.

9. Svamp- och valnötsköttbullar med rosmarin

INGREDIENSER:

2 dl finhackad svamp
1 dl valnötter, finhackade
1/2 kopp ströbröd
1/4 kopp riven parmesanost
1 liten lök, finhackad
2 vitlöksklyftor, hackade
1 msk hackad färsk rosmarin
Salta och peppra efter smak
1 ägg, uppvispat

INSTRUKTIONER:

I en stor skål, kombinera alla ingredienser och blanda väl.
Forma blandningen till köttbullar och lägg dem på en plåt.
Grädda i en förvärmd ugn vid 375°F (190°C) i 20-25 minuter eller tills de är gyllenbruna.
Servera med en krämig svampsås eller som tillbehör till rostade grönsaker.

GRÖNTSAKSBESKRIVNINGAR

70.Rödbetsburgare med ruccola

INGREDIENSER:
- 15 uns av ljusröda Kidney Beans burk
- 2 ½ matskedar extra virgin olivolja
- 2 ½ *uns* Cremini-svampar
- 1 rödlök
- ½ kopp kokt brunt ris
- ¾ kopp Råbetor
- 1/3 kopp hampafrön
- 1 tsk mald svartpeppar
- ½ tsk havssalt
- ½ tsk malet korianderfrö
- ½ tsk Worcestershiresås
- 1 vegansk äggersättning
- 4 koppar ekologisk baby ruccola
- 2 tsk vit balsamvinäger

INSTRUKTIONER:
- Värm ugnen till 375°F. Mosa kidneybönorna väl i en mixerskål och ställ åt sidan.
- Värm 1 matsked av oljan i en non-stick stekpanna över medium.
- Tillsätt svampen och tre fjärdedelar av löken och fräs tills den mjuknat, cirka 8 minuter.
- Överför grönsaksblandningen till mixerskålen med bönorna. Rör ner ris, rödbetor, hampafrön, peppar, salt, koriander och Worcestershiresås tills det blandas.
- Tillsätt den veganska äggersättningen och rör om tills det är väl blandat.
- Forma blandningen till fyra bollar och lägg på en oblekt bakplåtspappersklädd plåt. Klappa med fingertopparna till fyra biffar.

- Dutta lätt toppen av biffarna med ½ matsked av oljan med fingertopparna.
- Grädda i 1 timme. Vänd försiktigt över varje hamburgare och grädda tills de är knapriga, fasta och bruna, cirka 20 minuter till.
- Låt stå i minst 5 minuter för att slutföra tillagningsprocessen.
- Kasta ruccolan med vinägern och den återstående 1 msk olja och arrangera den ovanpå varje hamburgare.
- Strö över resten av löken och servera.

1.Pekan- linsbiffar

INGREDIENSER:
- 1 1/2 dl kokta bruna linser
- 1/2 dl malda pekannötter
- 1/2 dl gammaldags havre
- 1/4 kopp torr okryddad panko
- 1/4 dl veteglutenmjöl
- 1/2 dl hackad lök
- 1/4 dl finhackad färsk persilja
- 1 tsk dijonsenap
- 1/2 tsk salt
- 1/8 tsk nymalen peppar
- 2 matskedar olivolja
- Salladsblad, skivad tomat, skivad rödlök och valfria kryddor

INSTRUKTIONER:
- I en matberedare, kombinera linser, pekannötter, havre, panko , mjöl, lök, persilja, senap, salt och peppar.
- Pulsera för att kombinera, lämna lite konsistens.
- Forma linsblandningen till 4 till 6 hamburgare.
- Värm oljan överhettad i en stekpanna.
- Lägg i hamburgarna och stek tills de är gyllenbruna, ca 5 minuter per sida.
- Servera hamburgarna med sallad, tomatskivor, lök och valfria kryddor.

2. Black Bean hamburgare

INGREDIENSER:

- 3 matskedar olivolja
- 1/2 dl hackad lök
- 1 vitlöksklyfta, finhackad
- 11/2 dl svarta bönor
- 1 msk finhackad färsk persilja
- 1/2 dl torr okryddad panko
- 1/4 dl veteglutenmjöl
- 1 tsk rökt paprika
- 1/2 tsk torkad timjan
- Salt och nymalen svartpeppar
- 4 salladsblad
- 1 mogen tomat, skuren i 1/4-tums skivor

INSTRUKTIONER:

- Värm 1 matsked olja i en stekpanna och värm över. Tillsätt löken och vitlöken och koka tills den mjuknat, ca 5 minuter.
- Överför lökblandningen till en matberedare. Tillsätt bönorna, persiljan, panko , mjöl, paprika, timjan och salt och peppar efter smak. Bearbeta tills det är väl kombinerat, lämna lite konsistens. Forma blandningen till 4 lika stora biffar och ställ i kylen i 20 minuter.
- I en stekpanna, värm de återstående 2 matskedar olja överhettad. Lägg i hamburgarna och stek tills de fått färg på båda sidor, vänd en gång, ca 5 minuter per sida.
- Servera burgarna med sallad och tomatskivor.

3. Havre- och grönsaksbiff

INGREDIENSER:

- 2 matskedar plus 1 tesked olivolja
- 1 lök, hackad
- 1 morot, riven
- 1 kopp osaltade blandade nötter
- 1/4 dl veteglutenmjöl
- 1/2 dl gammaldags havre, plus mer om det behövs
- 2 msk krämigt jordnötssmör
- 2 msk finhackad färsk persilja
- 1/2 tsk salt
- 1/4 tsk nymalen svartpeppar
- 4 salladsblad
- 1 mogen tomat, skuren i 1/4-tums skivor

INSTRUKTIONER:

- I en stekpanna, värm 1 tesked av oljan överhettad. Tillsätt löken och koka tills den är mjuk, ca 5 minuter. Rör ner moroten och ställ åt sidan.
- Pulsera nötterna i en matberedare tills de är hackade.
- Tillsätt lök-morotsblandningen tillsammans med mjöl, havre, jordnötssmör, persilja, salt och peppar. Bearbeta tills det är väl blandat.
- Forma blandningen till 4 lika stora biffar, cirka 4 tum i diameter.
- Värm de återstående 2 msk olja i en stekpanna över värme, tillsätt hamburgarna och koka tills de fått färg på båda sidor, cirka 5 minuter per sida.
- Servera burgarna med sallad och tomatskivor.

4. Vita bönor och valnötsbiffar

INGREDIENSER:

- 1/4 kopp tärnad lök
- 1 vitlöksklyfta, krossad
- 1 kopp valnötsbitar
- 1 kopp konserverade eller kokta vita bönor
- 1 dl veteglutenmjöl
- 2 msk finhackad färsk persilja
- 1 msk sojasås
- 1 tsk dijonsenap, plus mer att servera
- 1/2 tsk salt
- 1/2 tsk malen salvia
- 1/2 tsk söt paprika
- 1/4 tsk gurkmeja
- 1/4 tsk nymalen svartpeppar
- 2 matskedar olivolja
- Salladsblad och skivade tomater

INSTRUKTIONER:

- Kombinera löken, vitlöken och valnötterna i en matberedare och bearbeta tills de är finmalda.
- Koka bönorna i en stekpanna över värme, under omrörning, i 1 till 2 minuter för att avdunsta eventuell fukt.
- Tillsätt bönorna i matberedaren tillsammans med mjöl, persilja, sojasås, senap, salt, salvia, paprika, gurkmeja och peppar.
- Bearbeta tills det är väl blandat. Forma blandningen till 4 lika stora biffar.
- Värm oljan överhettad i en stekpanna.
- Tillsätt biffarna och stek tills de fått färg på båda sidor, ca 5 minuter per sida.

- Servera med sallad och skivade tomater.

75. Garbanzo bönor hamburgare

INGREDIENSER:

- 2 koppar Mosade garbanzobönor
- 1 st Stjälkselleri, finhackad
- 1 st morot, finhackad
- $\frac{1}{4}$ lök, finhackad
- $\frac{1}{4}$ kopp fullkornsmjöl
- Salta och peppra efter smak
- 2 tsk Olja

INSTRUKTIONER:

- Blanda ingredienserna (förutom olja) i en skål. Forma 6 platta biffar.
- Stek i en oljad panna på medelhög värme tills hamburgarna är gyllenbruna på varje sida.

76. Vegetabilisk bulgur linsbiff

INGREDIENSER:
- 2 dl kokta linser
- 1 kopp rökt Portobello-svamp,
- 1 dl bulgurvete
- 2 rostade vitlöksklyftor,
- 1 matsked Worcestershire
- 2 msk valnötsolja
- $\frac{1}{4}$ tesked dragon, finhackad
- Salta och peppra efter smak

INSTRUKTIONER:
- Förbered en ved- eller kolgrill och låt den brinna ner till glöd.
- Mosa linserna i en bunke tills de är jämna.
- Tillsätt alla ingredienser och blanda tills det är ordentligt blandat.
- Kyl i minst 2 timmar. Forma till hamburgare.
- Pensla burgarna med olivolja och grilla i 6 minuter på varje sida eller tills de är klara.
- Servera varm med dina favoritsmaktillsatser.

77. Svamp tofu patty

INGREDIENSER:

- ½ kopp havregryn
- 1¼ dl Grovhackad mandel
- 1 msk oliv- eller rapsolja
- ½ kopp hackad salladslök
- 2 tsk finhackad vitlök
- 1½ koppar hackad cremini
- ½ kopp kokt brun basmati
- ⅓ kopp vegansk cheddarost
- ⅔ kopp Mosad fast tofu
- 1 vegansk äggersättning
- 3 msk hackad persilja
- ½ kopp torr panko
- 6 skivor Färsk mozzarella, om så önskas

INSTRUKTIONER:

- Hetta upp olja i en stekpanna och fräs lök, vitlök och svamp tills de är mjuka.
- Tillsätt havren och fortsätt koka i ytterligare 2 minuter under konstant omrörning.
- Kombinera lökblandningen med ris, vegansk ost, tofu och vegansk äggersättning.
- Persilja, panko och mandel och rör om för att kombinera. Smaka av med salt och peppar.
- Forma till 6 biffar och fräs eller stek tills de är gyllene och knapriga på utsidan.
- Toppa med en skiva färsk mozzarella och färsk salsa.

78. Lins-, ärt- och morotsbiff

INGREDIENSER:

- ½ hackad lök
- ½ kopp kokta gröna linser
- ⅓ kopp kokta ärtor
- 1 riven morot
- 1 msk hackad färsk persilja
- 1 tsk Tamari
- 2 koppar panko
- ¼ kopp mjöl
- 1 vegansk äggersättning

INSTRUKTIONER:

- Fräs löken tills den är mjuk Blanda alla ingredienser utom mjölet och låt svalna. Forma blandningen till biffar och bryn i en stekpanna.
- Gröna linser tar ungefär en timme att koka från torra, men de fryser bra, så gör ett stort gäng av dem på en gång.

79. Snabba grönsaksbiffar

INGREDIENSER:
- 10 uns Grönsaker, blandade, frysta
- 1 vegansk äggersättning
- nypa Salt och peppar
- ½ kopp svamp, färsk, hackad
- ½ kopp panko
- 1 lök, skivad

INSTRUKTIONER:
- Värm ugnen till 350 grader.
- Ånga grönsakerna tills de precis är mjuka
- Lägg åt sidan det är coolt.
- Finhacka ångade grönsaker och blanda med veganskt ägg, salt, peppar, svamp och panko .
- Forma blandningen till biffar.
- Lägg biffar, toppade med lökskivor, på en lätt oljad bakplåt.
- Grädda, vänd en gång, tills de är bruna och krispiga på båda sidor, cirka 45 minuter.

80. Tex-mex grönsaksbiff

INGREDIENSER:
- 15¼ uns Konserverad hel majskärna
- ½ kopp vätska reserverad
- ½ kopp majsmjöl
- ½ kopp lök, finhackad
- ⅓ kopp röd paprika, finhackad
- ½ tsk limeskal, rivet
- ¼ kopp kokt vitt ris
- 3 matskedar Färsk koriander, hackad
- 4 tsk Jalapeno chilipeppar
- ½ tsk malen spiskummin
- 4 fettfria mjöltortillas, 9 till 10 tum
- 8 matskedar lätt gräddfil
- 8 matskedar Inköpt salsa

INSTRUKTIONER:
- Mixa ½ kopp majskärnor och 1 msk majsmjöl i en processor tills det bildas fuktiga klumpar. Tillsätt ¾ kopp majskärnor och bearbeta i 10 sekunder
- Överför majsblandningen till en tung nonstick-kastrull. Tillsätt ½ dl majsvätska, lök, paprika och limeskal. Täck över och koka på mycket låg värme tills det är tjockt och fast, rör om ofta, 12 minuter. Blanda i ris, koriander, jalapeño, salt och spiskummin. Släpp ¼ av blandningen på var och en av de 4 bitarna av folie och tryck ut bitarna till ¾-tums tjocka biffar.
- Förbered grillen. Spraya båda sidor av hamburgarna med nonstick-spray och grilla tills de är knapriga, cirka 5 minuter per sida. Grilla tortillorna tills de är böjliga, ca 30 sekunder per sida

81.Veggie bönbiffar

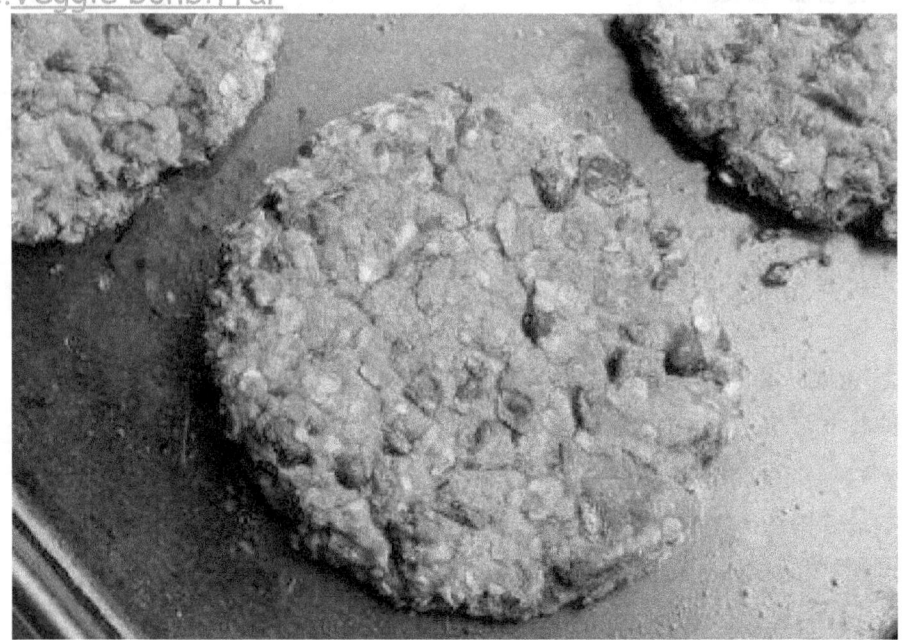

INGREDIENSER:

- 2 uns Kokta blandade bönor
- 1 lök, finhackad
- 1 morot, finriven
- 1 tsk grönsaksextrakt
- 1 tsk Torkade blandade örter
- 1-ounce hel måltid panko

INSTRUKTIONER:

- Mixa alla ingredienser i en matberedare eller mixer tills nästan slät.
- Forma till 4 tjocka hamburgare och kyl väl.
- Pensla med olja och grilla eller grilla i cirka 15 minuter, vänd en eller två gånger.
- Servera i sesambaps med relish, sallad och stora chunky pommes frites!

82.Lök Havre Biffar

INGREDIENSER:

- 4 koppar vatten
- ½ kopp Saltreducerad sojasås
- ½ kopp näringsjäst
- 1 tärnad lök
- 1 matsked Oregano
- ½ msk vitlökspulver
- 1 msk torkad basilika
- 4½ koppar gammaldags havregryn

INSTRUKTIONER:

- Koka upp alla ingredienser utom havren.
- Sänk värmen till låg och rör ner 4½ koppar havregryn.
- Koka i ca 5 minuter tills vattnet absorberats.
- Fyll en rektangulär non-stick bakform med blandningen
- Grädda vid 350 F. i 25 minuter. Skär sedan den gigantiska hamburgaren i 4" fyrkantiga hamburgare och vänd dem.
- Koka i ytterligare 20 minuter.
- Servera som huvudrätt, varm eller kall.

83. Vild svampbiff

INGREDIENSER:

- 2 tsk olivolja
- 1 gul lök, finhackad
- 2 schalottenlök, skalade och hackade
- $\frac{1}{8}$ tesked salt
- 1 kopp torr shiitakesvamp
- 2 koppar Portobellosvampar
- 1 paket tofu
- ⅓ kopp Rostade vetegroddar
- ⅓ kopp panko
- 2 msk Lite sojasås
- 2 msk Worcestershiresås
- 1 tsk Flytande rökarom
- $\frac{1}{2}$ tsk granulerad vitlök
- $\frac{3}{4}$ kopp snabbkokt havre

INSTRUKTIONER:

- Fräs lök, schalottenlök och salt i olivolja i ca 5 minuter.
- Stjälka mjuka shiitakesvampar och hacka dem med färsk svamp i en matberedare. Lägg till lök.
- Koka i 10 minuter, rör om då och då för att förhindra att den fastnar.
- Blanda svamp med mosad tofu, tillsätt resterande ingredienser och blanda väl.
- Blöta händerna för att förhindra att de fastnar och formas till biffar.
- Grädda i 25 minuter, vänd en gång efter 15 minuter.

84. Tofu Tahini vegetabiliska biffar

INGREDIENSER:

- 1 pund fast tofu, avrunnen
- 1½ koppar rå havregryn
- ½ kopp rivna morötter
- 1 Hackad sauterad lök
- 1 msk Tahini, mer eller mindre
- 2 msk Worcestershiresås
- 1 msk sojasås

INSTRUKTIONER:

- Tillsätt en blandning av utvalda kryddor och örter.
- Forma till biffar på plåtar.
- Grädda i 350 grader i 20 minuter, vänd på dem och grädda i ytterligare 10 minuter.

85. Black Bean & Peanut Grillers

INGREDIENSER:

- 1 kopp TVP granulat
- 1 kopp vatten
- 1 msk sojasås
- 15-ounce burk svarta bönor
- ½ kopp vitalt veteglutenmjöl
- ¼ kopp barbecuesås
- 1 msk flytande rök
- ½ tsk svartpeppar
- 2 msk jordnötssmör

INSTRUKTIONER:

- Rekonstituera TVP genom att blanda den med vatten och sojasås i en mikrovågssäker skål, täck tätt med plastfolie och låt den stå i mikrovågsugn i 5 minuter.
- Tillsätt bönorna, vetegluten, barbecuesåsen, flytande rök, peppar och jordnötssmör till den rekonstituerade TVP när den är tillräckligt kall för att hantera.
- Mosa ihop det med händerna tills det är enhetligt och det mesta av bönorna är mosade.
- Forma till 6 biffar.
- Grilla dessa barn på grillen, borsta med den extra barbecuesåsen allt eftersom, cirka 5 minuter per sida.

86. Kornhavre och selleribiffar

INGREDIENSER:
- 1 kopp konserverade smörbönor
- ¾ kopp bulgur, kokt
- ¾ kopp korn, kokt
- ½ kopp snabb havregryn, okokt
- 1½ msk sojasås
- 2 msk barbecuesås
- 1 tsk torkad basilika
- ½ kopp lök, finhackad
- 1 vitlöksklyfta, finhackad
- 1 stjälkselleri, hackad
- 1 tsk salt
- Peppar efter smak

INSTRUKTIONER:
- Mosa bönorna lite med en gaffel eller potatisstöt. De ska vara tjocka, inte mosade. Tillsätt resten av ingredienserna och forma 6 biffar.
- Spraya stekpanna med olja och bruna biffar på båda sidor.

87. Tempeh och lökbiffar

INGREDIENSER:

- 8 uns tempeh, skär i 1/2-tums tärningar
- ¾ kopp hackad lök
- 2 vitlöksklyftor, hackade
- ¾ kopp hackade valnötter
- 1/2 dl gammaldags eller snabbkokt havre
- 1 msk finhackad färsk persilja
- 1/2 tsk torkad oregano
- 1/2 tsk torkad timjan
- 1/2 tsk salt
- 1/4 tsk nymalen svartpeppar
- 3 matskedar olivolja
- Dijon senap
- Skivad rödlök, tomat, sallad och avokado

INSTRUKTIONER:

- Koka tempen i en kastrull med sjudande vatten i 30 minuter. Låt rinna av och ställ åt sidan för att svalna.
- I en matberedare, blanda löken och vitlöken och bearbeta tills det är finhackat. Tillsätt kyld tempeh, valnötter, havre, persilja, oregano, timjan, salt och peppar. Bearbeta tills det är väl blandat. Forma blandningen till 4 lika stora biffar.
- Värm oljan överhettad i en stekpanna. Tillsätt hamburgarna och koka tills de är genomstekta och bruna på båda sidor, cirka 7 minuter per sida.
- Montera hamburgare med en klick senap och med sallad, tomat, rödlök och avokado.

88. Blandade bön- och havrebiffar

INGREDIENSER:
- 1 msk olivolja
- 1 lök, hackad
- 4 vitlöksklyftor, hackade
- 1 morot, strimlad
- 1 tsk malen spiskummin
- 1 tsk chilipulver
- Peppar efter smak
- 15 *uns* pintobönor, sköljda, avrunna och mosade
- 15 *uns* svarta bönor, sköljda, avrunna och mosade
- 1 matsked ketchup
- 2 msk dijonsenap
- 2 msk sojasås
- 1 ½ dl havre
- ½ kopp salsa
- 8 salladsblad

INSTRUKTIONER:
- Tillsätt olivoljan i en kastrull över värme.
- Koka löken i 2 minuter, rör om ofta.
- Rör ner vitlöken. Koka sedan i 1 minut.
- Tillsätt morot, mald spiskummin och chilipulver.
- Koka under omrörning i 2 minuter.
- Överför morotsblandningen till en skål.
- Rör ner de mosade bönorna, ketchupen, senap, sojasås och havre.
- Forma till biffar.
- Grilla biffarna i 4 till 5 minuter per sida.
- Servera med salsa och sallad.

89. Tempeh & valnötsbiffar

INGREDIENSER:
- 8 uns tempeh, skär i 1/2-tums tärningar
- ¾ kopp hackad lök
- 2 vitlöksklyftor, hackade
- ¾ kopp hackade valnötter
- 1/2 dl gammaldags eller snabbkokt havre
- 1 msk finhackad färsk persilja
- 1/2 tsk torkad oregano
- 1/2 tsk torkad timjan
- 1/2 tsk salt
- 1/4 tsk nymalen svartpeppar
- 3 matskedar olivolja
- Dijon senap
- Skivad rödlök, tomat, sallad och avokado

INSTRUKTIONER:
- Koka tempen i en kastrull med sjudande vatten i 30 minuter. Låt rinna av och ställ åt sidan för att svalna.
- I en matberedare, blanda löken och vitlöken och bearbeta tills det är finhackat. Tillsätt kyld tempeh, valnötter, havre, persilja, oregano, timjan, salt och peppar. Bearbeta tills det är väl blandat. Forma blandningen till 4 lika stora biffar.
- Värm oljan överhettad i en stekpanna. Tillsätt hamburgarna och koka tills de är genomstekta och bruna på båda sidor, cirka 7 minuter per sida.
- Sätt ihop hamburgare med senap och toppa med sallad, tomat, rödlök och avokado.

90. Macadamia-Cashewbiffar

INGREDIENSER:
- 1 dl hackade macadamianötter
- 1 dl hackade cashewnötter
- 1 morot, riven
- 1 lök, hackad
- 1 vitlöksklyfta, finhackad
- 1 jalapeño eller annan grön chili, kärnad och finhackad
- 1 dl gammaldags havre
- 1 kopp torrt okryddat mandelmjöl
- 2 msk hackad färsk koriander
- 1/2 tsk mald koriander
- Salt och nymalen svartpeppar
- 2 tsk färsk limejuice
- Canola eller druvkärneolja, för stekning
- Salladsblad och valfri krydda

INSTRUKTIONER:
- I en matberedare, kombinera macadamianötter, cashewnötter, morot, lök, vitlök, chili, havre, mandelmjöl, koriander, koriander och salt och peppar efter smak.
- Bearbeta tills det är väl blandat. Tillsätt limejuicen och bearbeta tills den är väl blandad. Smaka av, justera kryddor om det behövs. Forma blandningen till 4 lika stora biffar.
- Värm ett tunt lager olja överhettad i en stekpanna. Tillsätt biffarna och koka tills de är gyllenbruna på båda sidor, vänd en gång i cirka 10 minuter totalt.
- Servera med sallad och valfria kryddor.

91.Gyllene kikärtsburgare

INGREDIENSER:
- 2 matskedar olivolja
- 1 gul lök, hackad
- 1/2 gul paprika, hackad
- 11/2 dl kokta kikärtor
- ¾ tesked salt
- 1/4 tsk nymalen svartpeppar
- 1/4 dl veteglutenmjöl
- Valfria kryddor

INSTRUKTIONER:
- Värm 1 matsked olja i en stekpanna och värm över. Tillsätt löken och paprikan och koka tills den mjuknat, cirka 5 minuter. Ställ åt sidan för att svalna något.
- Överför den avsvalnade lökblandningen till en matberedare. Tillsätt kikärtorna, saltet och svartpepparna och mixa. Tillsätt mjölet och blanda ihop.
- Forma blandningen till 4 hamburgare, ca 4 tum i diameter. Om blandningen är för lös, tillsätt lite extra mjöl.
- I en stekpanna, värm de återstående 2 matskedar olja överhettad. Lägg i hamburgarna och koka tills de är fasta och bruna på båda sidor, vänd en gång, ca 5 minuter per sida.
- Servera hamburgarna med de smaktillsatser du väljer.

92. Curry Kikärtsbiffar

INGREDIENSER:

- 3 matskedar olivolja
- 1 lök, hackad
- 11/2 tsk varmt eller milt currypulver
- 1/2 tsk salt
- 1/8 tsk mald cayennepepp
- 1 dl kokta kikärter
- 1 msk hackad färsk persilja
- 1/2 dl veteglutenmjöl
- 1/3 kopp torrt okryddat mandelmjöl
- Salladsblad
- 1 mogen tomat, skuren i 1/4-tums skivor

INSTRUKTIONER:

- Värm 1 matsked olja i en stekpanna och värm över. Tillsätt löken, täck över och koka tills den mjuknat, 5 minuter. Rör ner 1 tsk curry, salt och cayennepeppar och ta bort från värmen. Avsätta.
- I en matberedare, kombinera kikärter, persilja, veteglutenmjöl, mandelmjöl och kokt lök. Processen att kombinera, lämnar lite konsistens.
- Forma kikärtsblandningen till 4 lika stora biffar och ställ åt sidan.
- I en stekpanna, värm de återstående 2 matskedar olja överhettad. Lägg till biffarna, täck och stek tills de är gyllenbruna på båda sidor, vänd en gång, ca 5 minuter per sida.
- Blanda den återstående 1/2 tsk currypulver i en skål med majonnäsen, rör om det blandar sig.
- Servera hamburgare med sallad och tomatskivor.

93. Pinto bönbiffar med majonnäs

INGREDIENSER:
- 11/2 dl kokta pintobönor
- 1 schalottenlök, hackad
- 1 vitlöksklyfta, finhackad
- 2 msk hackad färsk koriander
- 1 tsk kreolsk krydda
- 1/4 dl veteglutenmjöl
- Salt och nymalen svartpeppar
- 1/2 dl torrt okryddat mandelmjöl
- 2 tsk färsk limejuice
- 1 serrano chili, kärnad och finhackad
- 2 matskedar olivolja
- Strimlad sallad
- 1 tomat, skär i 1/4-tums skivor

INSTRUKTIONER:
- Torka av bönorna med hushållspapper för att absorbera överflödig fukt. I en matberedare, kombinera bönorna, schalottenlök, vitlök, koriander, kreolsk krydda, mjöl och salt och peppar efter smak. Bearbeta tills det är väl blandat.
- Forma blandningen till 4 lika stora biffar, tillsätt mer mjöl om det behövs. Muddra biffarna i mandelmjölet. Kyl i 20 minuter.
- I en skål, kombinera majonnäs, limejuice och serrano chili. Smaka av med salt och peppar, blanda väl och ställ i kylen tills den ska serveras.
- Värm oljan överhettad i en stekpanna. Tillsätt biffarna och stek tills de är bruna och krispiga på båda sidor, ca 5 minuter per sida.
- Servera biffarna med sallad och tomat.

94. Linsrisburgare med

INGREDIENSER:

- ¾ kopp Linser
- 1 Sötpotatis
- 10 Färska spenatblad
- 1 kopp Färska svampar, hackade
- ¾ kopp mandelmjöl
- 1 tsk Dragon
- 1 tsk Vitlökspulver
- 1 tsk Persiljeflingor
- ¾ kopp Långkornigt ris

INSTRUKTIONER:

- Koka ris tills det är kokt och lite klibbigt och linser tills det är mjukt. Kyl något.
- Finhacka en skalad sötpotatis och koka tills den är mjuk. Kyl något.
- Spenatblad ska sköljas och finstrimlas.
- Blanda alla ingredienser och kryddor, tillsätt salt och peppar efter smak.
- Ställ i kylen i 15-30 min.
- Forma till biffar och fräs i panna eller kan göras på grönsaksgrill på utegrill.
- Se till att smörja eller spraya en panna med Pam eftersom dessa hamburgare tenderar att fastna.

95. Shiitake och havrebiff

INGREDIENSER:

- 8 uns Havre
- 4 uns vegansk mozzarellaost
- 3 uns shiitakesvamp i tärningar
- 3 uns vitlök i tärningar
- 2 hackade vitlöksklyftor
- 2 uns röd paprika i tärningar
- 2 uns zucchinitärningar

INSTRUKTIONER:

- Blanda alla ingredienser i en matberedare.
- Tryck på på/av-knappen för att blanda ingredienserna grovt.
- Blanda inte för mycket. Slutblandning kan göras för hand. Forma till fyra uns biffar.
- Tillsätt en mängd olivolja i en stekpanna.
- När pannan är varm, lägg till pattyn.
- Koka en minut per sida.

96. havre, I en ägg & mozzarellabiff

INGREDIENSER:
- ½ kopp grön lök, hackad
- ¼ kopp grön paprika, hackad
- ¼ kopp persilja, hackad
- ¼ tesked vitpeppar
- 2 vitlöksklyftor, tärnade
- ½ kopp vegansk mozzarellaost, riven
- ¾ kopp brunt ris
- ⅓ kopp vatten eller vitt vin
- ½ kopp morot, strimlad
- ⅔ kopp lök, hackad
- 3 stjälkar selleri, hackade
- 1¼ tsk kryddsalt
- ¾ tesked timjan
- ½ kopp vegansk cheddarost, riven
- 2 koppar snabb havre
- ¾ kopp bulgurvete

INSTRUKTIONER:
- Koka riset och bulgurvetet.
- Bräsera grönsaker i 3 minuter i en täckt panna, rör om en eller två gånger.
- Låt rinna av ordentligt och blanda med ris och ost tills osten smält något.
- Blanda i resterande ingredienser.
- Forma till 4-ounce biffar.
- Tillaga i ca 10 minuter vardera på en grill med hjälp av matlagningsspray.
- Servera som huvudrätt.

97. Valnöts- och grönsaksbiffar

INGREDIENSER:
- ½ rödlök
- 1 revben selleri
- 1 morot
- ½ röd paprika
- 1 kopp valnötter, rostade, malda
- ½ kopp panko
- ½ kopp orzo pasta
- 2 veganska äggersättningsmedel
- Salt och peppar
- Avokadoskivor
- Rödlökskivor
- Ketchup
- Senap

INSTRUKTIONER:
- Fräs lökselleri, morötter och röd paprika i olja tills den är mjuk
- Tillsätt vitlök, nötter, smulor och ris. Forma till biffar.
- Stek i olja tills de är gyllene.
- Montera på en skål.

98. Marockanska Yam Veggie Burgers

INGREDIENSER:
- 1,5 dl riven jams
- 2 vitlöksklyftor, skalade
- ¾ kopp färska korianderblad
- 1 bit färsk ingefära, skalad
- 15-ounce burk kikärter, avrunna och sköljda
- 2 msk malet lin blandat med 3 msk vatten
- ¾ kopp havregryn, mald till ett mjöl
- ½ msk sesamolja
- 1 matsked kokosnötsaminos eller tamari med låg natriumhalt
- ½-¾ tesked finkornigt havssalt eller rosa Himalayasalt efter smak
- Nymalen svartpeppar, efter smak
- 1 ½ tsk chilipulver
- 1 tsk spiskummin
- ½ tsk koriander
- ¼ tesked kanel
- ¼ tesked gurkmeja
- ½ kopp koriander-lime tahinisås

INSTRUKTIONER:
- Värm ugnen till 350F. Klä en bakplåt med en bit bakplåtspapper.
- Skala jammen. Använd det vanliga gallerhålet och riv garnet tills du har 1 ½ lätt packade koppar. Lägg i en skål.
- Ta bort rivjärnet från matberedaren och lägg till det vanliga "s"-bladet. Finhacka vitlök, koriander och ingefära tills det är fint hackat.

- Tillsätt avrunna kikärter och bearbeta igen tills de är finhackade, men lämna lite konsistens. Häll denna blandning i en skål.
- I en skål, rör ihop lin- och vattenblandningen.
- Mal havren till mjöl med hjälp av en mixer eller matberedare. Eller så kan du använda ¾ kopp + 1 matsked förmalet havremjöl. Rör ner detta i blandningen tillsammans med linblandningen.
- Rör nu i oljan, aminos/tamari, salt/peppar och kryddor tills de är ordentligt blandade. Justera efter smak om så önskas.
- Forma 6-8 biffar, packa ihop blandningen ordentligt. Lägg på en bakplåt.
- Grädda i 15 minuter, vänd sedan försiktigt och grädda i ytterligare 18-23 minuter tills de är gyllene och fasta. Coolt på Mr.

9. Lins-, pistage- och shiitakeburgare

INGREDIENSER:
FÖR BURGARE
- 3 schalottenlök, tärnade
- 2 tsk olivolja
- ½ kopp svarta linser, sköljda
- 6 torkade shiitakesvampkapslar
- ½ kopp pistagenötter
- ¼ kopp färsk persilja, hackad
- ¼ kopp vitalt vetegluten
- 1 matsked Ener-G, vispad med ⅛ kopp vatten
- 2 tsk torkad gnidad salvia
- ½ tsk salt
- ¼ tesked knäckt peppar

FÖR Pommes frites
- 3 potatisar, skalade och tunt skurna
- vegetabilisk olja, för stekning
- salt

INSTRUKTIONER:
- Koka upp tre koppar vatten. Medan du väntar på att vattnet ska hetta upp, kasta schalottenlök i tärningar i en separat stekpanna med oljan och fräs på låg värme.
- När vattnet börjar koka, lägg i linser och torkade shiitake-kapsyler och lägg locket över grytan så att lite ånga kan rinna ut under tillagningen. Koka i 18-20 minuter, häll dem sedan i en finmaskig sil för att rinna av och svalna. När svalnat, ta bort shiitaken från linserna och skär dem i tärningar, släng bort de sega stjälkarna.
- Lägg pistagenötterna i en matberedare och grovmal dem. Vid det här laget ska dina schalottenlök vara fint karamelliserade. Tillsätt schalottenlök, linser, tärnade

shiitake-kapslar, pistagenötter och persilja i en skål och blanda tills det är väl blandat. Tillsätt det livsviktiga vetegluten och rör om.
- Tillsätt nu vatten/Energ-G-blandningen och rör om i cirka två minuter med en kraftig gaffel så att glutenet får utvecklas. Tillsätt nu salvia och salt och peppar och rör om tills det är väl blandat. Du kan sedan antingen ställa blandningen i kylen några timmar eller steka hamburgarna direkt.
- För att steka hamburgarna, forma dem till biffar, pressa ihop blandningen lätt medan du formar den. Stek i en stekpanna med lite olivolja 2-3 minuter på varje sida, eller tills den fått lite färg.
- För att göra pommes frites, placera flera centimeter vegetabilisk olja i en kastrull. Värm över hög värme.
- Stek i omgångar.
- Stek tills de är knapriga, cirka 4-5 minuter, och ta bort från oljan med en värmebeständig tång.
- Överför till hushållspapper för att rinna av och strö genast över lite salt.

100. Veganburgare med hög proteinhalt

INGREDIENSER:
- 1 kopp texturerat vegetabiliskt protein
- ½ kopp kokta röda kidneybönor
- 3 matskedar olja
- 1 msk lönnsirap
- 2 msk tomatpuré
- 1 msk sojasås
- 1 msk näringsjäst
- ½ tsk malen spiskummin
- ¼ tesked vardera: paprikamalet chilipulver, vitlökspulver, lökpulver, oregano
- ⅛ tesked flytande rök
- ¼ kopp vatten eller rödbetsjuice
- ½ kopp vitalt vetegluten

INSTRUKTIONER:
- Koka upp en kastrull med vatten. När det kokar, tillsätt det strukturerade vegetabiliska proteinet och låt puttra i 10-12 minuter. Töm TVP:n och skölj den ett par gånger. Kläm TVP:n med händerna för att ta bort överflödig fukt.
- Tillsätt de kokta bönorna, oljan, lönnsirap, tomatpuré, sojasås, näringsjäst, kryddor, flytande rök och vatten i skålen på en matberedare. Bearbeta i 10-20 sekunder, skrapa ner sidorna om det behövs, och bearbeta igen tills det bildar en puré. Det behöver inte vara helt slätt.
- Tillsätt den rehydrerade TVP och bearbeta i 7-10 sekunder, eller tills TVP är mycket finhackad, blandningen ska se ut som Bolognese-sås. Du vill inte ha stora bitar av TVP annars kommer hamburgarna inte att hålla ihop bra.
- Överför blandningen till en mixerskål och tillsätt det vitala veteglutenet. Blanda först med en trä och knåda

sedan med händerna i 2-3 minuter för att utveckla gluten. Blandningen ska vara mjuk och ha en lätt elasticitet.
- Dela blandningen i 3 och forma biffar. Slå försiktigt in varje hamburgare i bakplåtspapper och sedan i aluminiumfolie.
- Lägg de inslagna hamburgarna i en tryckkokare (du kan stapla dem) och tryckkoka i 1 timme och 20 minuter. Du kan använda en tryckkokare med spis eller en snabbkokare.
- När de är kokta, packa upp hamburgarna och låt dem svalna i 10 minuter. Du kan nu steka hamburgarna i lite olja tills de är gyllenbruna på varje sida.
- Hamburgare håller sig i upp till 4 dagar i kylen. De kommer att stelna lite i kylen men blir mjuka när de värms upp.

SLUTSATS

När vi kommer till slutet av denna läckra resa hoppas vi att "From Garden to Plate: The Vegetable Meatballs Cookbook" har inspirerat dig att omfamna smakerna och konsistensen av grönsaksköttbullar i ditt eget kök. Grönsaksköttbullar erbjuder ett närande och kreativt alternativ till traditionella köttbullar, och vi uppmuntrar dig att fortsätta utforska och experimentera med denna mångsidiga rätt.

Med recepten och teknikerna som delas i den här kokboken hoppas vi att du har fått självförtroendet och inspirationen att skapa grönsaksköttbullar som är både läckra och näringsrika. Oavsett om du njuter av dem som huvudrätt, lägger dem till pastarätter eller lägger till dem i smörgåsar eller wraps, kan varje tugga ge dig tillfredsställelsen av en hälsosam och smakrik måltid.

Så när du ger dig ut på dina egna äventyr med grönsaksköttbullar, låt "Från trädgård till tallrik" vara din pålitliga följeslagare och förse dig med läckra recept, användbara tips och en känsla av kulinarisk utforskning. Omfamna kreativiteten, smakerna och den näring som grönsaksköttbullar erbjuder, och låt varje rätt du skapar bli en hyllning till den livliga världen av växtbaserade ingredienser.

Må ditt kök fyllas med de lockande aromerna av att baka eller steka grönsaksköttbullar, ljudet av fräsande godhet och glädjen av att ge din kropp näring med nyttiga och läckra växtbaserade måltider. Lycka till med matlagningen, och må dina grönsaksköttbullar ge ditt bord tillfredsställelse och glädje!

www.ingramcontent.com/pod-product-compliance
Lightning Source LLC
LaVergne TN
LVHW021706060526
838200LV00050B/2533